Rund um das Tier

Aus Südamerika in unsere Herzen

Faszination Meerschweinchen

Tiere mit Geschichte

Schon vor über 3.000 Jahren wurden Meerschweinchen in Südamerika gezüchtet – allerdings noch nicht als Heimtiere, sondern für den Kochtopf.

Ideale Heimtiere

Meerschweinchen haben die Herzen der Menschen im Sturm erobert. Fast jeder mag sie, denn sie sind gesellig, verschmust, äußerst friedfertig gestimmt und genießen den Kontakt zu ihren Menschen.

Frühreife Nestflüchter

Meerschweinchen machen den Zahnwechsel schon im Mutterleib durch. Sie kommen mit gut entwickelten Sinnen auf die Welt und knabbern schon nach wenigen Stunden, was die Mutter frißt.

Rekordverdächtige Sinnesleistungen

Im Vergleich mit Meerschweinchen sind wir Menschen arm dran: Sie können viel besser hören und riechen als wir und haben nicht nur die von Hund und Katze bekannten Schnurrhaare, sondern am ganzen Körper sensible Tasthaare.

Bedürfnisse wie wir

Meerschweinchen können – wie Menschen und Menschenaffen – in ihrem Körper das wichtige Vitamin C nicht selbst bilden. Sie sind deshalb darauf angewiesen, es mit der täglichen Nahrung zu sich zu nehmen.

Schweinchen aus Übersee

Die beliebten Schweinchen wurden nicht etwa durch die Europäer zum Haustier gemacht. Schon lange bevor die Spanier in Amerika Fuß faßten, nämlich seit rund 1200 v. Chr., wurden Wildmeerschweinchen aus Mittelchile von Indios als Nahrungsmittel, Opfer- und Grabbeigabe gezüchtet. Auch heute stehen in den Andenstaaten *Cuyes*, wie sie dort genannt werden, auf dem Speiseplan. Sie werden in großer Zahl vermehrt und auf den Märkten feilgeboten, hauptsächlich in den Gebirgsdörfern.

Überwiegend in Pferchen oder Gruben, aber auch in der Küche oder nahe den Häusern werden noch diese reinen Fleischmeerschweinchen gezüchtet, die ca. 2.500 g wiegen und mit 30 cm deutlich größer werden als unsere domestizierten Schweinchen. Sie sind, wie unsere Hausmeerschweinchen, durch zufällige und ungerichtete Veränderungen der Erbsubstanz (Mutationen) entstanden. Es wurden und werden noch heute diejenigen ausgesucht und für die Weiterzucht verwendet, die für das jeweilige Zuchtziel die erwünschten Veränderungen im Gewicht, der Körperform, Fellfarbe oder -struktur aufweisen.

Die Meerschweinchen unserer Zeit unterscheiden sich deutlich von ihren „wilden" Ahnen.

Vor etwa 400 Jahren brachten Seefahrer Meerschweinchen nach Europa. Warum, das läßt sich nicht mit Bestimmtheit sagen. Als Heimtier waren sie kaum vorgesehen, dazu war der Preis für diese lebendige Kostbarkeit sicher zu hoch. Ob sie als Bereicherung der europäischen Küche – wie Kartoffeln, Tomaten oder Gewürze – gedacht waren oder als zoologische Attraktion oder der Erbauung reicher Kinder dienen sollten, ist nicht mehr nachzuvollziehen. Sicher ist nur, daß sie für damalige Verhältnisse sehr teuer waren und nicht für Forschungszwecke eingeführt wurden.

1540 kamen die Meerschweinchen nach Spanien, und bereits 1554 wurden sie von dem Schweizer Naturforscher Conrad Gessner als „Indisches Kaninchen" beschrieben. Denn man war damals der Meinung, daß der Kontinent, den Kolumbus entdeckt hatte, Indien sei. Aus Spanien traten sie ihren Siegeszug durch Europa an, weil sie sich reich vermehrten und problemlos zu pflegen waren. Im Französischen heißen sie noch heute „Cochon d'Inde" oder „Cobaye". In der Mitte des 17. Jahrhunderts fanden die anfangs kostbaren Tiere schnell ihre Verbreitung, in Holland

als „Bigetje“, „Marmotte“ (fälschlich Murmeltier) oder „Cavy“. In England hießen sie „Guinee pig“, weil sie angeblich eine Guinee (21 Shilling) kosteten, und in Spanien wurden sie „Conejillo de indias“ oder „Cobayo“ genannt. Heute werden sie in den USA und in Europa meist nur noch Cavy und bei uns Meerschweinchen genannt – das quiekende Schweinchen, das übers Meer kam.

Systematische Stellung

Zoologisch zählen Meerschweinchen zur Ordnung der Rodentia (Nagetiere), Unterordnung Caviomorpha (Meerschweinchenverwandte), Unterfamilie Caviinae Murray 1866 (Eigentliche Meerschweinchen). Diese Unterfamilie umfaßt vier Gattungen: *Cavia, Galea, Microcavia* und *Kerodon* mit 20 Arten. Alle sind heute noch in Südamerika verbreitet.

Nur ein Vertreter davon wurde, noch lange bevor Kolumbus Amerika entdeckte, von den Indios zum Haustier gemacht: Das Wildmeerschweinchen *Cavia aperea tschudii* Fitzinger 1855, von dem unser Hausmeerschweinchen *Cavia aperea f. porcellus* Linné 1758 abstammt – treffend mit Höhlenmeerschweinchen übersetzt.

Eine rauhe Heimat

Der Lebensraum der Wildmeerschweinchen liegt im Norden, Südosten und Westen von Südamerika (S. 8). Man findet sie von 1.500 bis über 4.000 Meter Höhe in

Die wilden Verwandten

An Wild- und Wieselmeerschweinchen kannst Du viel Interessantes beobachten. In einigen Zoos kannst Du sie bewundern. Alle leben in Gruppen in größeren Gehegen. Wildmeerschweinchen sind agoutifarben: die Haare sind gelb(gold)-grau und schwarz gebändert und am Bauch etwas heller. Ihr Fell wirkt leicht rauh oder stachelig.
Das Wieselmeerschweinchen ist etwas kleiner und hat ein spitzeres Schnäuzchen, sein Fell ist ganz kurz, glatt anliegend und weich. Besonders auffallend sind die hellen „Augenringe". Ihre Schneidezähne sind ganz gelb, und sie besitzen 4 Zitzen im Gegensatz zu den zweien unserer Lieblinge. Gut kann man ihr interessantes Verhalten während der Dämmerung beobachten. Sie sind flink, können relativ gut springen und sind sehr wendig, aber auch aufgeweckt und neugierig. Wenn Du gut zuhörst, kannst Du sie miteinander regelrecht „zwitschern" hören. Wieselmeerschweinchen sind recht schreckhaft. Sie benagen mit Begeisterung alles, was ihre Zähne schaffen. Trommeln mit den Hinterläufen gehört zu ihrem Verhalten. Nur fremde Artgenossen können sie nicht leiden.
Nimm doch in den Zoo etwas zum Schreiben mit und notiere Deine Beobachtungen. Hinterher vergleichst Du sie mit den Angaben in Büchern. Ein spannendes Hobby!

„Gänsemarsch" der Meerschweinchen

relativ regenarmen Hochsavannen (Grasland) und lockeren Buschwäldern, die mit unterschiedlich großen Steinen durchsetzt sind. Die Temperaturen betragen tagsüber ca. 15 bis 25 °C, je nach Höhenlage. Die recht kühlen Nächte verbringen die Wildmeerschweinchen-Sippen, die 20–30 Tiere umfassen (es sind auch größere Kolonien möglich), eng

Meerschweinchen-Verwandte und ihre Verbreitungsgebiete in Südamerika

Wieselmeerschweinchen (Galea musteloides; blaue Fläche)

Aus dem Wildmeerschweinchen (Cavia aperea tschudii; gelbe Fläche) entwickelte sich unser Hausmeerschweinchen.

Pampashase (Mara) und...

...Wasserschwein (Capybara) sind ebenfalls Schweinchen-Verwandte.

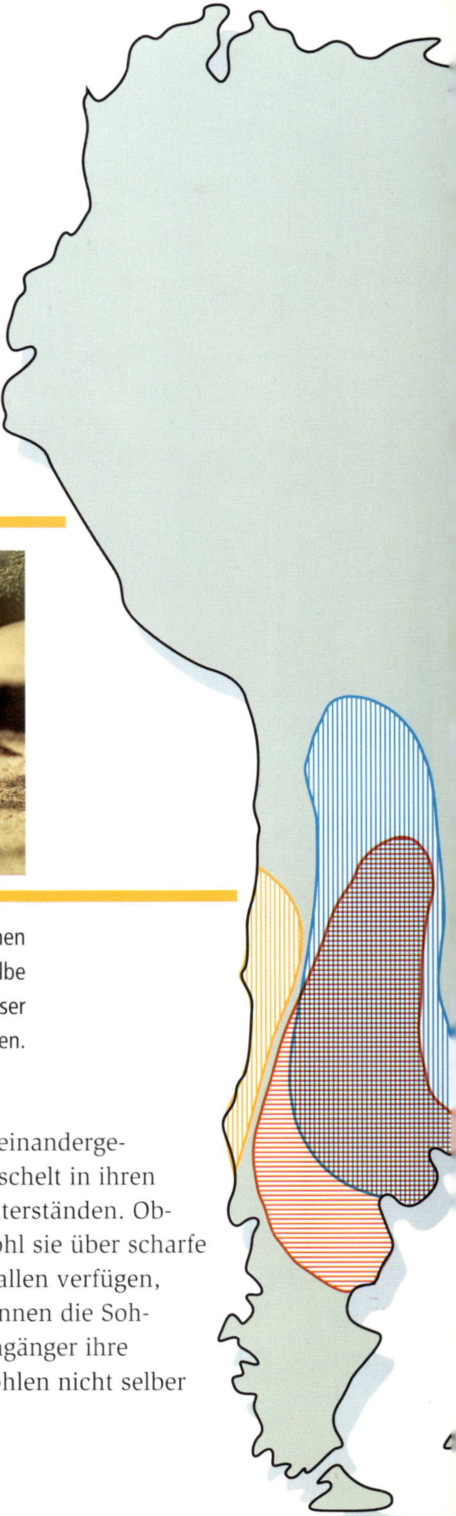

aneinandergekuschelt in ihren Unterständen. Obwohl sie über scharfe Krallen verfügen, können die Sohlengänger ihre Höhlen nicht selber

Das Felsenmoko (Kerodon rupestris; grüne Fläche) gehört zu einer der vier Meerschweinchen-Gattungen (S. 6).

Südliches Zwergmeerschweinchen (Microcavia australis; rote Fläche)

im schwierigen, oft steinigen Gelände graben. Als Versteck und Schlafplatz benutzen sie natürlich entstandene Gänge, Winkel und Höhlungen. In der Dämmerung am Morgen und Abend gehen sie bevorzugt auf Nahrungssuche.

Unsere Hausmeerschweinchen hingegen sind im Laufe ihrer Domestikation (Haustierwerdung) zur für sie gefahrlosen Tagaktivität übergegangen. Die pflanzenfressenden Säugetiere besitzen zum Abbeißen und Nagen ein Paar weiße, wurzellose, sehr scharfe Nagezähne im Ober- und Unterkiefer, die zeitle-

bens nachwachsen. Nach einer deutlichen Lücke (Diastema) folgen auf jeder Seite ein Vorbackenzahn (Prämolar) und drei Backenzähne (Molaren) zum Zerkleinern bzw. Zermahlen der Nahrung. Insgesamt haben sie also 20 Zähne. Scharfe Sinne helfen den Fluchttieren zu überleben (S. 16/17).

Artkennzeichnend findet man sowohl bei den Wild- als auch beim Hausmeerschweinchen auf den Vorder- und Hinterfüßchen unbehaarte, meist rosafarbige Erhebungen, die Sohlenwülste genannt werden. Sohlen, Zehen und Ohren sind nahezu haarlos. An den Vorderpfoten sind 4, an den Hinterpfoten 3 Zehen vorhanden. Trotz ihrer kurzen Bein-

Ausstellungen wecken großes Interesse.

chen sind die Tiere relativ schnell und wendig. Sie bevorzugen eingelaufene Pfade (Miniwildwechsel), die auch gute Deckung bieten, um bei Gefahr sofort in den nächstgelegenen Bau flüchten zu können.

Auffällig sind auch die kurzfristigen Wechsel zwischen Schlaf- und Wachperioden.

Die Haut ist derb und relativ dicht mit kräftigen Grannen und weichem Wollhaar bedeckt. Das Fell der Wildmeerschweinchen ist derber und agoutifarben (siehe Kasten S. 7).

TIP

Zucht – ein schönes Hobby

Meerschweinchen ist nicht gleich Meerschweinchen. Gab es früher in erster Linie Glatthaar- und Rosettentiere, so werden heute sog. Rassen in einer Vielzahl von Farbstellungen gezüchtet (Rassestandard S. 116). Wer also die Schweinchen-Zucht zu seinem Hobby machen möchte, hat viele Möglichkeiten. Am besten schließt man sich einem Verein an (S. 120). Dann kann man seine Tiere auch auf Ausstellungen bewerten lassen.

Im Gegensatz zu den Wildmeerschweinchen klettern und springen unsere domestizierten Freunde nicht mehr so gut. Sie sind auch rundköpfiger, schwerer und kompakter geworden. Wildmeerschweinchen wiegen nur 550–650 g und haben einen sichtbar schmaleren Körperbau mit spitzer Schnauze und kleineren Ohren. Ihr Lauf ist hochbeiniger. Sie sind äußerst scheu.

Das schönste „Schwein" im Land

Wurden bis vor einigen Jahren nur Nutz- und Haustiere auf Ausstellungen präsentiert, gibt es jetzt auch spezielle Meerschweinchen-Ausstellungen, auf denen inzwischen bis zu 1000 Tiere gezeigt werden. In den USA und bei unseren europäischen Nachbarn (vor allem in England und Holland) wurden schon lange solche Shows organisiert, die Erfahrungsaustausch und Information ermöglichen.

Diese Ausstellungen können durchaus zwiespältige Gefühle wecken. Aber wenn man sieht, wie cool die Ausstellungsschönheiten bleiben und in welch exzellentem Pflegezustand die Tiere sind, wird man seine wahre Freude haben. Außerdem fällt sofort auf, daß die Tiere in Topform sind und eine hervorragende Prägungsphase beim Züchter und Besitzer hinter sich haben.

Dies gilt nicht nur für die sogenannten Rassemeerschweinchen, sondern auch für ganz gewöhnliche Liebhabertiere, die dort ebenfalls zu sehen sind und auch nach dem Standard des Verbandes bewertet werden. Als Liebhabertiere gelten

Unter diesen American Crested fällt die Wahl schwer.

Rassemeerschweinchen

Haarlänge , Haarstruktur und Wirbel charakterisieren die Rassen, die wiederum nach Farben und Farbverteilungen untergliedert werden.

1

Coronet: diese Langhaarrasse hat eine Stirnrosette (wie die Crested), ansonsten aber keine Rosetten. Das Körperhaar fällt also glatt.

2

American Crested (rot): bei dieser Kurzhaar-Rasse ist die Krone immer weiß, bei English Crested hat sie die Farbe des übrigen Fells.

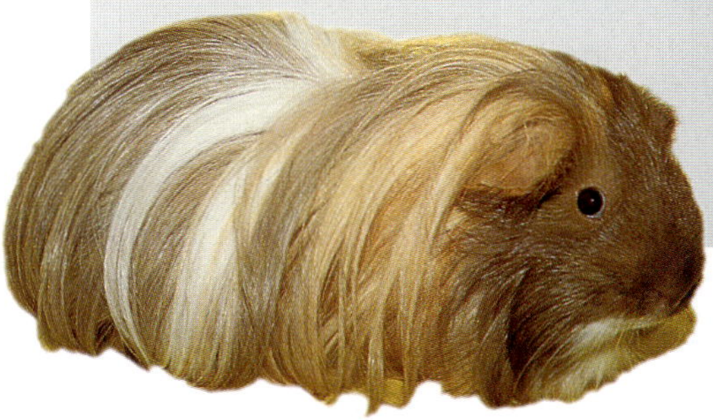

3

Sheltie: die Peruanischen Seidentiere haben keinen Wirbel über den Augen und daher keinen Pony wie die Langhaar (Peruaner).

alle, die keiner bestimmten Rasse angehören (S. 116).

Auch unter diesen Meerschweinchen gibt es ganz tolle Tiere. Und eines haben sie – ganz gleich, ob Rasse oder Klasse – gemeinsam: sie sind allesamt hinreißend liebenswürdige Wesen.

Hausmeerschweinchen werden nach folgenden Kriterien bewertet:

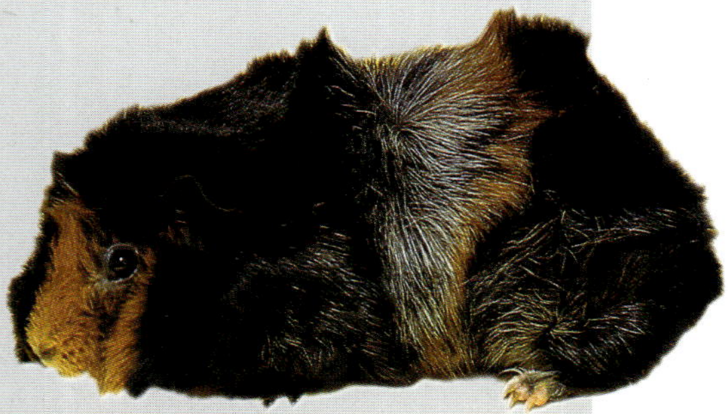

4

Rosette (Buntschimmel): die optimale Größe, Anzahl und Verteilung der Rosetten ist im Standard festgelegt.

5

Satin (rot): das Fell dieser Glatthaar-Meerschweinchen glänzt wunderschön wie Samt.

- Pflegezustand (Augen, Ohren, Krallen, Fell, Zähne, Gewicht),
- Verhalten (zutraulich und neugierig sollen die Tiere sein, nicht nervös, nicht ängstlich, träge oder apathisch),
- Verhältnis von Größe und Gewicht zum Alter,
- Gesamterscheinung sowie Farbverteilung und Fellstruktur.

Wir möchten ein Schweinchen

Ob Sie sich ein sogenanntes Liebhabertier oder ein Rassemeerschweinchen kaufen, bleibt Ihrem Geschmack und Geldbeutel überlassen (Rassetiere kosten mehr).

Die Liebhabertiere entsprechen nicht ganz dem Standard, zeichnen sich aber häufig durch eine höhere Lebenserwartung und sprichwörtli-

6

Rex (Schildpatt weiß): das dicht gelockte und struppig abstehende Haar ist charakteristisch für diese Rasse.

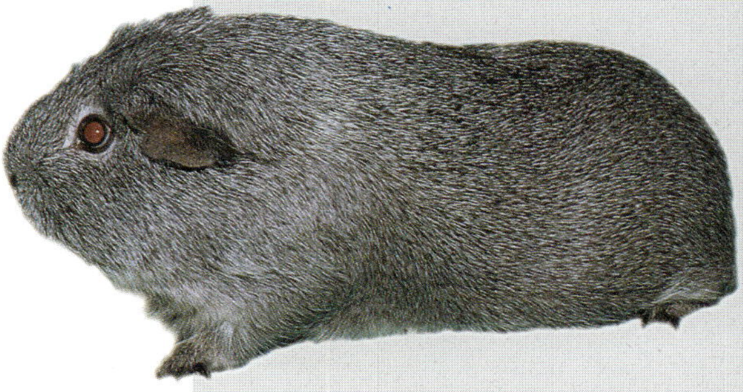

7

Glatthaar (Silber-Agouti): die Haare der Agouti-Meerschweinchen zeigen den charakteristischen Farbaufbau der Wildformen, wobei unterschiedlich gebänderte Haare im Fell gemischt sind. Neben den Agouti-Farbschlägen gibt es von den Glatthaar-Meerschweinchen ein- und mehrfarbige Varianten.

che Robustheit aus. Rassemeerschweinchen können etwas kurzlebiger sein. Seriöse Züchter achten bei diesen Tieren auf besonderes Aussehen, ebenmäßigen Körperbau, Kopfform, Ohrengröße und Haltung, Augenfarbe sowie besondere Fellfarben und -strukturen.

Gute Zoofachgeschäfte besorgen Ihnen auch Ihr Wunschtier, wenn es durch einen züchterischen Engpaß gerade nicht vorhanden sein sollte.

8

Merino (creme-weiß): diese Langhaartiere haben ein lockiges Fell und eine Stirnrosette wie die Coronet.

9

Alpaca (cremeagouti-creme): bei diesen Rassemeerschweinchen ist das Fell langhaarig und lockig. Die Tiere haben an den Hüften zwei Rosetten und einen Pony. Ganz entsprechend sind die Peruaner, nur daß ihr langes Fell nicht lockig ist.

Hüten sollten Sie sich vor Spontankäufen auf „Märkten" aller Art oder vor dubiosen Massenvermehrern, bei denen die Tiere scheu und voller Panik auf jede Bewegung reagieren. Kaufen Sie ebenso nicht bei Leuten, die Billig- und Sonderangebote verramschen.

Ganz anders verhalten sich die meisten Züchter von Rassemeerschweinchen, die aus ihren Beständen hin und wieder erstklassige Tiere abgeben.

So erleben Meerschweinchen ihre Welt

Alle Sinnesleistungen der Meerschweinchen sind darauf ausgerichtet, Feinde und mögliche Bedrohungen sofort zu orten, um rechtzeitig die Flucht ergreifen zu können. Um viele ihrer hochsensiblen Wahrnehmungsmöglichkeiten können wir Menschen diese Tiere nur beneiden.

Augenblicke entscheiden

Die seitlich am Kopf liegenden Augen vermitteln den Meerschweinchen, ohne den Kopf zur Seite zu drehen, ein großes Sehfeld mit einer bemerkenswerten Rundumsicht. Das hat den Nachteil, daß die Tiere unmittelbar vor ihnen liegende Objekte schlechter erkennen können, wenn sie den Kopf nicht drehen.
Verschiedene Untersuchungen bestätigen, daß sie die Farben rot, gelb, grün und blau unterscheiden können. Man kann dies leicht selbst mit einfachen Versuchen ausprobieren (S. 93).
Auch in der Dämmerung finden sich die Schweinchen noch recht gut zurecht. Grelles Sonnenlicht mögen sie allerdings überhaupt nicht, weil sie es nicht durch ein Verengen der Pupillen abschirmen können. Was sie im Nahbereich nicht so gut erkennen, wird sofort erschnüffelt.

Feines Näschen

Der hochentwickelte Geruchssinn der Meerschweinchen übertrifft den menschlichen bei weitem. Diese „Supernasen" brauchen sie auch, um überall ihre Nahrung zu finden. Wenn etwas „Duftes" ihre Aufmerksamkeit erregt, richten sie ihren Kopf schräg nach oben in diese Richtung und saugen mit ihrer gekerbten Nase den Geruch geradezu ein. Haben sie so angepeiltes Futter gefunden, wird es vor dem Fressen eingehend beschnüffelt.
Auch jede Kontaktaufnahme unter Artgenossen beginnt mit der Nase. Die Tiere erkennen sich gegenseitig am Körpergeruch und an ihren Duftmarken. Der Duft spielt also eine große Rolle, gerade bei der innerartlichen nonverbalen Kommunikation – aber auch beim Erkennen von Menschen oder von möglichen Feinden. Auf unbekannte Gerüche wie Putz- oder Toilettenartikel, Zigarettenrauch und manche Küchendüfte reagieren Meerschweinchen mit deutlichem Unbehagen.

Beneidenswertes Gehör

Meerschweinchen hören fast das Gras wachsen. Wie könnte es auch anders sein: als Fluchttiere brauchen sie ein überdurchschnittliches Gehör, das weitaus besser ausgeprägt ist als unser eigenes. Besonders hohe und helle Töne werden gut wahrgenommen. Die relativ großen, unbehaarten Ohrmuscheln werden „auf Empfang" voll entfaltet nach vorne gestellt, damit ihnen ja nichts entgeht.
Dadurch werden Meerschweinchen bei uns zum stets präsenten und zuverlässigen Wächter jeder Tür – vor allem der, durch die ihr Pfleger mit dem Futter kommt.
Ihren menschlichen Partner erkennen sie bereits am Schritt, oft schon auf der Treppe, und reagieren genauso wie beim Rascheln mit einer Tüte oder vermeintlichen Futterpackung mit lautem und aufgeregtem Pfeifen und Gequieke.
Jeglicher übersteigerter Lärm im Hochfrequenzbereich (Radio, TV etc.) ist ihnen ausgesprochen zuwider, und Dauerbeschallung macht sie krank. Bei plötzlichem Krach geraten sie leicht in Panik und rennen nahezu kopflos ge-

Supernasen

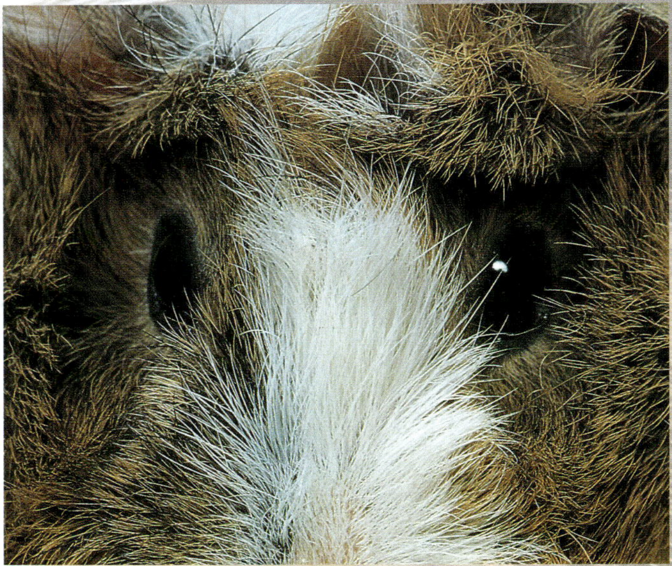

Meerschweinchen können Farben unterscheiden.

gen allerlei Gegenstände, die auf ihrem Fluchtweg liegen. Denn sie haben in dieser Situation keine Zeit, um im Nahbereich zu schnüffeln. Im besten Fall ducken sie sich aus Angst starr verharrend auf den Boden oder finden auf Anhieb den Eingang ihrer Behausung.

Guter Geschmack

Meerschweinchen sind ausgesprochene Leckermäulchen. Dies weiß jeder, der die ewig hungrigen Kerlchen einmal gepflegt hat. Sie mögen, bei häufig wechselnden Vorlieben, manches ganz besonders und anderes, oft Saures, lehnen sie ab und verziehen geradezu angewidert das Näschen. Leider wird auch Unbekömmliches gefressen, wenn es nur schmeckt. Deshalb muß man unsere Meerschweinchen davor schützen. Bei der Entwicklung zum Heimtier scheinen ihre Instinkte doch etwas gelitten zu haben.

Sensible Tasthaare

Meerschweinchen reagieren über ihre Tast- und Sinneshaare am ganzen Körper auf Berührungsreize. Die steifen Sinneshaare auf und neben der eingekerbten Oberlippe überragen die Körperbreite und verhindern, daß das Tier beim Einfahren in den dunklen Bau oder während der Dämmerung oder im Zwielicht irgendwo aneckt.
Die Tasthaare sind relativ steif, und ihre Wurzeln ragen in ein mit Blut gefülltes Säckchen. Bei Bewegung der Haare werden Tastkörperchen gereizt. An diesen Haaren darf man nie zupfen oder sie gar kürzen.

Obwohl Meerschweinchen relativ pflegeleicht sind, heißt es dennoch vor dem Kauf einiges zu bedenken und gut vorzubereiten – zum eigenen Wohl und dem der Tiere. Denn es gibt nichts Schlimmeres für ein Tier, als wieder abgeschoben zu werden. Vor dem Kauf sollte der Familienrat tagen, um sicherzustellen, daß alle vorbehaltlos mit den neuen Hausgenossen einverstanden sind.

GUT VERSORGT

Passen Meerschweinchen zu mir?

Die Schweinchen können bei guter Pflege zwischen 6 und 8 Jahre alt werden. Prüfen Sie Ihre Lebensumstände genau, bevor Sie die Tiere anschaffen.

1 Gemischte Gesellschaft: Zwergkaninchen sind diejenigen Heimtiere, mit denen sich Meerschweinchen zusammen pflegen lassen.

2 Schöner wohnen: Häuschen aus natürlichen Materialien wie Holz bieten Meerschweinchen eine artgerechte Behausung.

Ein Kindertraum wird wahr

Meerschweinchen gelten als friedfertig, verschmust und lieb. Vor allem Kinder lieben die kleinen Schweinchen und wünschen sich sehnlichst diese Tiere. Aber kindliche Begeisterung kann sich ändern: Das Versprechen, alles für das heißersehnte Tier zu tun, ist zwar ernst gemeint, sollte aber auch realistisch eingeschätzt werden. Das Interesse kann nachlassen, wenn das Kind sich im Laufe der Zeit auch anderen Dingen zuwendet. Dann müssen die Tiere von den anderen Familienmitgliedern, meistens der Mutter, weiter versorgt werden.

Junge Meerschweinchen sind zart und zerbrechlich. Besonders unbeaufsichtigte Kleinkinder unter sechs Jahren können, ohne es zu

3

Innige Beziehung: Meerschweinchen lernen ihre Menschen bald kennen, werden rasch zutraulich und lassen sich gerne hegen und pflegen.

4

Zusammen sind wir stark: Meerschweinchen lieben Gesellschaft. Jungtiere lassen sich am besten aneinander gewöhnen und werden auch später gut miteinander auskommen.

5

Ein tolles Team: Gerade für Kinder sind die kleinen Meerschweinchen ideale Gefährten, die geduldig zuhören und ausgiebige Schmusestunden genießen.

wollen, schon durch einen falschen Griff ein strampelndes Schweinchen so fest packen, daß die empfindlichen Rippen eingedrückt werden. Oder das Kind läßt das Tier aus Versehen fallen.

Checkliste: Vor dem Kauf überlegen

- ○ Wenn Sie die Schweinchen für Ihr Kind anschaffen, tragen Sie trotzdem die Verantwortung für die Tiere. Sind Sie dazu bereit?
- ○ Sind alle Familienmitglieder mit dem Meerschweinchenkauf einverstanden?
- ○ Sind Sie bereit, für mindestens 6 bis 8 Jahre die Verantwortung für ein Lebewesen zu übernehmen?
- ○ Ist niemand in der Familie gegen Tierhaare allergisch?
- ○ Ekelt sich niemand vor den Ausscheidungen der Tiere und eventuell einmal auftretenden Parasiten?
- ○ Verfügen Sie über den Platz für ein geräumiges Nagerheim und Auslauf drinnen und draußen?
- ○ Sind Sie bereit, nicht nur die Ausgaben für Futter und Pflege zu tragen, sondern auch für Tierarztbesuche und Urlaubsversorgung?
- ○ Ist auch während Urlaub oder Krankheit die Versorgung der Tiere gewährleistet?
- ○ Können Sie den Meerschweinchen täglich mehrere Stunden für Pflege, Auslauf und Zuwendung widmen?

Wenn Sie 9x mit „Ja“ antworten können, steht einer Haltung nichts im Wege. Falls nicht, sollten Sie die Anschaffung noch einmal gründlich überlegen und auch die Annahme von überraschend geschenkten Tieren ablehnen.

Für Kinder im Schulalter sind Meerschweinchen jedoch tolle Gefährten, die ihnen jederzeit zuhören und an denen sie täglich interessante Verhaltensweisen beobachten können. Dabei lernen die Kinder Tierliebe und Verantwortung zu übernehmen. Es versteht sich von selbst, daß die Eltern bei der Versorgung der Tiere helfend zur Seite stehen. Je jünger das Kind ist, um so mehr Anleitung braucht es.

Allergietest für alle

Beobachten Sie bereits vor dem Kauf, ob sich beim Streicheln der Tiere etwa im Zoofachgeschäft allergische Reaktionen bei Ihnen oder Ihrem Kind einstellen. Man kann sich auch einige Meerschweinchenhaare geben lassen und mit Pflaster auf die Haut des Unterarmes kleben. Wenn es nach ein bis zwei Tagen zu keiner Reaktion gekommen ist, dürfte alles in Ordnung sein. Stellen sich Reaktionen wie Hautrötungen, Juckreiz, Quaddeln auf der Haut, tränende, gereizte Augen oder gar Atembeschwerden ein, entfernen Sie sofort die Haare und gehen Sie nötigenfalls zum Arzt. Diesen Test sollte man daher auch nicht am Wochenende oder abends beginnen. Letzte Gewißheit liefert ein Allergietest beim Arzt.

Meerschweinchen sind gesellig: Wählen Sie mindestens zwei.

Rechtliches

Die Haltung von Meerschweinchen stört kaum jemanden. Sie gehört zur allgemeinen Lebensführung und zum bestimmungsgemäßen Gebrauch einer Mietsache. Wenn zudem keine Belästigungen, z. B. durch Geruch (unsachgemäße Entsorgung der Einstreu) oder eine Beschädigung zu erwarten ist, darf man davon ausgehen, daß auch Meerschweinchen gehalten werden dürfen. Eine ausdrückliche Genehmigung vom Vermieter ist nicht erforderlich. Die Haltung übermäßig vieler Tiere oder eine gewerbsmäßige Zucht ist jedoch nicht gestattet.

In Eigentumswohnungen kann nur durch einstimmigen Beschluß der Eigentümerversammlung die Haltung untersagt werden.

Platzbedarf

Meerschweinchen zeigen sich meistens als eher gemächliche Tiere. Stellt man ihnen jedoch viel Platz zur Verfügung, dann entfalten sie erst ihr wahres Temperament beim Laufen und Hopsen. Deshalb sollten Sie für Ihre Schweinchen ein geräumiges Heim und eine möglichst große Auslauffläche einplanen.

Standort, Zeit und Kosten

Der Platz für das Heim soll hell sein, am besten in Augenhöhe, ruhig und luftig, aber zugfrei, nicht auf oder unmittelbar neben einer Heizung oder bodenkalt und nicht der prallen Sonne ausgesetzt. Zimmertemperaturen von 18 bis 23°C und eine relative Luftfeuchtigkeit von ca. 50% sind ideal.

Natürlich möchten die Meerschweinchen mit ihren Menschen zusammenleben und auf keinen Fall abseits oder im Keller oder gar in einer naßkalten Garage.

Rauch, üble Gerüche und laute Töne sind ihnen zuwider.

Meerschweinchen brauchen menschliche Zuwendung. Zwei Stunden täglich sollten Sie Ihren Tieren mindestens widmen können.

Natürlich verursachen sie auch Kosten: nicht nur bei der Anschaffung, auch Pflege-, Futter- und Tierarztkosten sowie Auslagen im Urlaub. Weil sich diese laufend ändern, sollten Sie sie bei Ihrem Zoofachhändler erfragen.

Lassen Ihre Lebensweise und Ihr Freizeitverhalten (Wochenende, Urlaub, Camping usw.) die zusätzlichen Hausgenossen zu, dann steht dem Kauf nichts mehr im Wege.

Meerschweinchen sollten, wie alle lebenden Tiere, nicht an Menschen verschenkt werden, die von ihrem „Glück“ keine Ahnung haben. Besorgen Sie besser ein Buch oder basteln Sie einen Gutschein.

Andere Heimtiere

Besonders mit Hunden und Katzen kann es Probleme geben, wenn sie mit Meerschweinchen unter einem Dach leben. Sie können sich zwar durchaus mit den Nagern anfreunden bzw. sie tolerieren – besonders, wenn sie bereits als Jungtiere zusammen in die menschliche Obhut aufgenommen wurden. Es ist jedoch nötig, die Tiere vorsichtig und unter Aufsicht aneinander zu gewöhnen (siehe S. 106).

Meerschweinchen-Ammenmärchen

Man erzählt sich so einiges über Meerschweinchen, das überhaupt nicht stimmt. Diese Ammenmärchen geistern durch viele Bücher:

- Vor allem Böckchen riechen streng. – Nein, bei richtiger Pflege macht sich kein Geruch bemerkbar.
- Sind langweilig oder dumm. – Wenn Du Dich intensiv mit ihnen beschäftigst, wirst Du genau das Gegenteil feststellen.
- Mehrere Männchen kann man nicht zusammen halten. – Doch, nur richtig muß man es machen (S. 28).
- Alles, was ein Meerschweinchen frißt, verträgt es auch. – Leider ist nicht alles, was ihm schmeckt, auch gut für das Tier.
- Sie brauchen viel Sonne. – Nein, Temperaturen über 25°C vertragen sie schlecht.
- Sie ziehen im Viehstall Krankheiten auf sich. – Das ist natürlich Unsinn.
- Meerschweinchen können gut mit einem Zwergkaninchen zusammenleben. – Das ist nicht immer problemlos (S. 27).
- Altes Brot oder Brötchen, Zwieback und Knäckebrot sind besonders gut. – Falsch! Sie sind schlecht für die Verdauung (S. 48).
- Nach einer Kastration werden die Tiere dick und faul. – Es kommt auf das Futter und die Bewegung an!
- Meerschweinchen können sogar im Schnee leben. – Nein, ihre Umgebung muß trocken sein. Sie halten auch in der Natur keinen Winterschlaf wie Murmeltiere.
- Meerschweinchen sind geschickte Klettertiere. – Sie sind bodenorientierte Lauftiere, können mit den Zehen nicht greifen und bleiben lieber auf dem Boden.
- Sie brauchen kein Trinkwasser, wenn sie Saftfutter bekommen. – Das stimmt nicht (S. 48).
- Man sollte hin und wieder einen Fastentag einlegen. – Das führt nur zu Verdauungsbeschwerden.

Checkliste für den Kauf

- ◯ Die Verkaufsbox ist geräumig und sauber, und die Meerschweinchen sind dort nach Geschlechtern getrennt untergebracht.
- ◯ Sie sind lebhaft und aufmerksam, wirken nicht lethargisch und geraten auch nicht bei jeder Bewegung vor der Verkaufsbox in Panik.
- ◯ Der Körper ist mollig, rund, kompakt, wohlgeformt und nicht zu mager.
- ◯ Die Beine sind ohne Verdickungen und werden nicht nachgezogen.
- ◯ Die Augen sind klar, groß, dunkel und glänzend. Sie tränen nicht und sind nicht entzündet.
- ◯ Die Augenränder sind nicht verkrustet, verklebt oder geschwollen.
- ◯ Nase, Ohren und Lippen sind sauber und ohne Verkrustungen.
- ◯ Das Gebiß weist keine Anomalien auf (S. 52). Die Schneidezähne stehen genau aufeinander und sind gerade. Das Tier kaut problemlos.
- ◯ Das Meerschweinchen speichelt nicht.
- ◯ Die Nase ist trocken bis leicht feucht.
- ◯ Die Atmung ist weder hechelnd noch röchelnd.
- ◯ Das Fell ist dicht, glänzend und ohne Parasiten; die Haut hat keine Pusteln oder Schrunden. Das Tierchen kratzt sich nicht ständig.
- ◯ Der Bauch ist weder aufgebläht noch hart.
- ◯ Der After ist sauber und frei von Verklebungen (kein Durchfall).
- ◯ Die Sohlen sind weder verklebt noch von Urin verfärbt.
- ◯ Die Krallen sind kurz.
- ◯ Das Tier läuft locker und frei. Es lahmt nicht.

Da Meerschweinchen besonders beim Freilauf gerne Laufspiele veranstalten, dabei übermütig springen, hüpfen und quieken, kann dieses Verhalten bei Hunden und Katzen den Jagdtrieb wecken. Deshalb darf man seine Schützlinge nie unbeaufsichtigt lassen.

Schrille Stubenvögel, die auch noch Schweinchens Fell zausen, sind auch nicht gerne als Gesellschafter gesehen. Andere Nager passen auch nicht zu Meerschweinchen, sie sind einfach zu verschieden.

Zwergkaninchen lassen sich noch am ehesten mit Schweinchen vergesellschaften – obwohl sich beide im Verhalten, bei der Pflege und Ernährung, aber v. a., was Größe, Gewicht und Körpersprache angeht, doch sehr stark unterscheiden. Ein Kaninchen in Panik kann das Schweinchen treten und empfindlich treffen.

Eine Vergesellschaftung kann (muß aber nicht) Probleme geben. Man sollte es versuchen, wenn sich ein Meerschweinchen z. B. nach dem Tod seines Partners nicht mehr an andere Artgenossen gewöhnen läßt.

Einfacher ist es jedoch, wenn beide Tiere noch jung sind. Sonst sollte der Zwerg immer das Jungtier sein, besonders wenn man einen älteren (ehemaligen) Meerschweinchen-Zuchtbock mit einem Zwerg vergesellschaften will. Kaninchenböckchen sollte man nach Erreichen der Geschlechtsreife kastrieren lassen.

Einzel- oder Gruppenhaltung?

Das absolute Wohlgefühl stellt sich bei den geselligen Schweinchen erst ein, wenn man sie zu mehreren hält. Eine Ausnahme sind oft ältere Tiere (z. B. aus dem Tierheim), wenn sie total auf den Menschen geprägt sind. Einzeltieren muß man sehr viel Zeit widmen, ohne dabei sicher zu sein, daß sich die Tiere wirklich wohlfühlen. Beachtet man einige wichtige Voraussetzungen, vor allem die Platzfrage, so lassen sich die Tiere gut vergesellschaften.

Je größer die Gruppe, in der sie aufgewachsen sind, desto harmonischer leben die Tiere auch weiterhin zusammen. Jungtiere vertragen sich ohnehin am besten und lassen sich auch am leichtesten in eine Gruppe integrieren.

Sorgen Sie unbedingt für ausreichend Platz, bieten Sie verschiedene Versteckmöglichkeiten und möglichst viele Schlafkojen an. In einer Gruppe bildet sich immer eine Hierarchie aus, in der ein Bock die dominante Alphaposition einnimmt.

Unter den Weibchen dominiert wiederum das ranghöchste. Kleinere Streitereien sind ein wichtiges Instrument, um die Rangordnung klarzustellen. In einer gemischten Gruppe oder bei Pärchen ist natürlich mit Nachwuchs zu rechnen. Wenn dieser unerwünscht ist, kann man Mütter mit weiblichen Jungtieren und einem relativ jungen Böckchen, das kastriert ist und noch nie gedeckt hat, vergesellschaften.

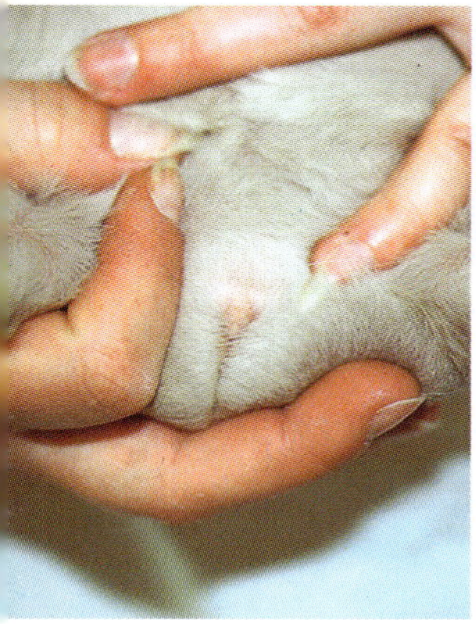

Der kleine Unterschied: Weibchen

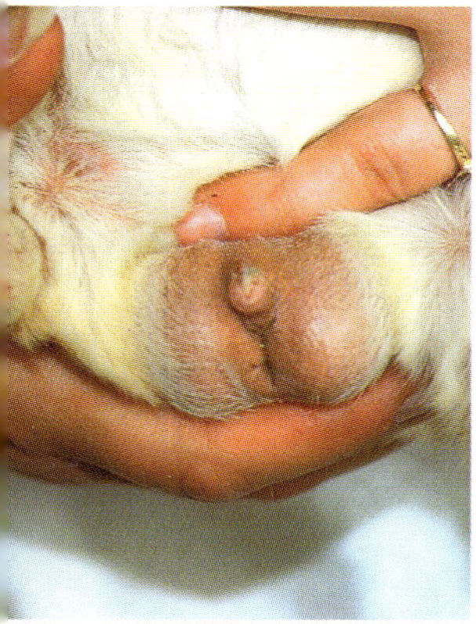

Böckchen: Hoden und Penis sind zu erkennen.

Die Weibchengesellschaft. Mehrere Weibchen vertragen sich meistens gut, auch wenn die Rangordnung mit gesträubtem Nackenfell ausgefochten wird. Harmlos ist das Aufreiten von Weibchen, eine Dominanzgeste. Zu dominanten, instinktstarken Weibchen kann man ein kastriertes Böckchen setzen (S. 108). Man muß ihm dann besonders viel Zuneigung schenken und ihn oft groomen bzw. ttouchen (S. 78).
Jungtiere kann man bei richtigem Zusammengewöhnen (S. 108) meistens bedenkenlos hinzusetzen.

Auch mit älteren Tieren kann es gut gehen, wenn nicht gerade ein tragendes Weibchen oder ein Tier, das schlechte Erfahrungen mit Artgenossen gemacht hat, dabei ist.

Die Männergesellschaft. Entgegen einer oft geäußerten Meinung kann man auch Böckchen miteinander pflegen, obwohl sie erfahrungsgemäß zwischen der 6. und 8. Woche und dem 6. und 8. Monat oft schwieriger sein können.

Gut lassen sie sich vergesellschaften, wenn sie sich schon im Jungtierrudel vertragen haben, noch nicht älter als 10 Wochen sind und nach dem Erreichen der Geschlechtsreife keine „duften" Weibchen in Sichtweite oder in der Nase hatten. Sonst bekriegen sie sich wie ältere Männchen. Das heißt, der Unterlegene verdrückt sich in eine Ecke und verendet nach einigen Tagen aus Gram. In Großgehegen leben manche eine untergeordnete Rolle wie Weibchen oder Kastraten.

Ein älteres Böckchen ohne Zuchterfahrung kann man mit einem kastrierten jungen Männchen zusammen pflegen – am besten, wenn es noch unter 8 Wochen alt ist. Es wird sich unterwerfen, das ältere Männchen betrachtet es als Weibchen und verliert nach erfolgloser

Auch um das Futter wird es in einer Gruppe keine Streitereien geben.

Werbung (Stelzen und Gurren) das Interesse.

Gemeinsam aufgewachsene Männchen, die sich von Geburt an kennen oder – wenn sie aus verschiedenen Würfen stammen – bei der Vergesellschaftung unter 6 Wochen alt waren, vertragen sich ohne Weibchen zumindest so lange, wie man sie nicht voneinander trennt. Gefahr besteht auch während des Urlaubs, wenn die Tiere zusammen mit Weibchen in einem Raum gepflegt wurden. Oder wenn sie zur Zucht kamen. Dann ist es meistens mit dem Frieden vorbei.

Wenn beide Männchen kastriert sind und die Kastration erst nach der Geschlechtsreife oder nach erfolgter Zucht vorgenommen wurde, kann es trotzdem zu ernsthaften Auseinandersetzungen kommen. Ansonsten sorgt eine Kastration bei zuchtunerfahrenen Männchen zu einem friedlichen Miteinander.

Kastrierte Männchen gibt es vermehrt zu kaufen.

Welches Geschlecht und Alter?

Egal welches Geschlecht man wählt oder wie alt das Tier ist, um ein Einzeltier muß man sich besonders intensiv kümmern, damit es nicht abstumpft, vereinsamt und vor sich hin kümmert. Dies trifft besonders auf ältere Tiere zu, die sich nicht mehr vergesellschaften lassen, aber auch Vorteile haben. Sie leben

Im Sommer können Meerschweinchen auch draußen sein.

sich besser ein, weil sie schon fast alles kennen. Auch Meerschweinchen aus dem Tierheim verdienen es, einen guten Platz zu finden. Beide Geschlechter sind äußerst lieb und interessant und gleich gut zu pflegen.

Gewissenhafte Züchter geben ihre Jungtiere frühestens mit 6 bis 7 Wochen und einem Mindestgewicht von ca. 350 g ab. So können Sie Ihren Favoriten ab der 8. Lebenswoche erwerben.

Der kleine Unterschied

In guten Zoofachgeschäften sind die Tiere nach Geschlechtern getrennt untergebracht. Dies hat den Vorteil, daß kein Weibchen bereits beim Kauf trächtig ist.

Sind sie unter 8 Wochen alt, können meistens nur Geübte das Geschlecht des Tieres sicher erkennen. Man legt das Tier vorsichtig (aber schnell) auf den Rücken und streicht mit leichtem Fingerdruck in Richtung Genitalien. Beim Männchen tritt dann der Penis hervor. Auch die Hoden sind sicht- und tastbar (siehe Foto S. 28).

Der Kauf ist Vertrauenssache

Wird das Kind der stolze Besitzer, sollten Sie es auch auswählen lassen. Das schafft von Anfang an eine hervorragende Identifikation mit dem neuen Hausgenossen.

Orientieren Sie sich beim Auswählen im Zoogeschäft an der Checkliste (siehe S. 26)!

Checkliste für die Grundausstattung

- ◯ Geräumiges Meerschweinchenheim
- ◯ Pro Tier ein Schlafhäuschen aus Holz, am besten mit flachem Dach, damit es zusätzlich als Ausguck benutzt werden kann und mit zwei Schlupflöchern
- ◯ Kalk- oder Sandstein für den Krallenabrieb
- ◯ Hohle Wurzeln, Korkeichenröhren oder Tonröhren
- ◯ Flache Rampe, damit die Schweinchen nach dem Freilauf wieder ins Heim zurücklaufen können
- ◯ Abdeckbare Heuraufe
- ◯ Stand- und nagefester Futternapf aus Keramik oder Futterspender aus Metall
- ◯ Nippelflasche für mindestens 250 ml
- ◯ Fertigfutter
- ◯ Knabberfutter
- ◯ Kalk-Nagestein
- ◯ Mineral-Salzleckstein
- ◯ Multi-Vitamin-Präparat mit hohem Anteil an Vitamin C
- ◯ Einstreu, am besten pelletiertes Stroh
- ◯ Hochwertiges Heu
- ◯ Nagerholz

Bevor sie einziehen, wird das Heim vorbereitet.

Wie werden Meerschweinchen zahm?

Mit Futter wird es leicht zutraulich.

Jetzt hast Du Dein Meerschweinchen, und Du wünschst Dir nichts sehnlicher, als es zu streicheln und zu verwöhnen. Aber es versteckt sich und will von Dir noch nichts wissen. Das ist normal, und Du brauchst deshalb nicht traurig zu sein. Auch Dein Meerschweinchen liebt die Gesellschaft und wird über kurz oder lang zahm werden, so daß Du es streicheln und so richtig liebhaben kannst.
Dazu kannst Du viel beitragen: Hab viel Geduld mit Deinem Schweinchen. Setz Dich in gleicher Höhe neben das Heim und verhalte Dich ruhig. Dabei kannst Du etwas Schönes lesen. Du kannst bestimmt nach einiger Zeit beobachten, daß sich das Meerschweinchen zeigen und wittern wird.
Wenn es sich an Deine Anwesenheit gewöhnt hat, darfst Du Deine Hand mit einem Leckerbissen zwischen die Gitterstäbe oder in die geöffnete Tür halten. Du wirst sehen, es kann nicht lange widerstehen und wird versuchen, die Leckerei zu erhaschen. Überlasse sie Deinem kleinen Freund. Zieh das Leckerli aber nie weg! Das merken sich die schlauen Kerlchen nämlich gut – und Du hättest viel Vertrauen verloren. Wenn auch dies gut funktioniert, kannst Du versuchen, das Futter etwas fester zu halten, das Meerschweinchen knabbern zu lassen und es dabei mit der anderen Hand ganz vorsichtig zu streicheln. Nun hast Du schon fast gewonnen. Mach dies so lange, bis es das Streicheln genießt und zu Deiner Hand kommt. Nun kannst Du es auch wagen, Dein Meerschweinchen hochzuheben und zuerst im Sitzen auf dem Schoß zu streicheln. Beachte dabei unbedingt die Hinweise zum richtigen Tragen auf Seite 38, damit sich das Meerschweinchen nicht verletzt.

Sind alle Kriterien erfüllt, beobachten Sie Ihren Favoriten, ob er lebhaft ist und frißt. Wie verhält er sich auf Ihrem oder auf dem Arm des Verkäufers? Reagiert er voller Panik, dann dauert die Eingewöhnung meist recht lange.

Auf dem Heimweg

Ist die Wahl getroffen, setzt der Verkäufer das Tierchen in eine spezielle Transportbox mit etwas Einstreu aus der Verkaufsanlage. So bleibt wenigstens der vertraute Geruch erhalten. Der Höhlenbewohner fühlt sich sicherer, wenn der Transporter abgedunkelt ist.

Wichtig ist, daß unterwegs die Sonne nicht auf die Box scheint. Im Winter schützt man den Behälter vor naßkalter Zugluft und mit einer Wärmeisolierung. Nicht auf den kalten Autositz stellen! Unterwegs bleibt das Behältnis verschlossen, auch wenn die Neugierde noch so groß ist.

Am besten ein Traumhaus

Meerschweinchen sind sehr bewegungsaktive Tiere, die sich gerne auslaufen möchten oder von einer erhöhten Etage „Ausguck“ halten. Wichtig ist, daß sie sich auch zur vollen Größe aufrichten können, um zu imponieren oder etwas zu erschnüffeln. Daher wählt man aus der Modellfülle im Zoofachgeschäft das allergrößte Heim aus!

Ein einzelnes Tier braucht mindestens eine Fläche 80 x 40 cm. Die Höhe sollte am besten 50 cm betragen. Kleinere Heime sind eine wahre Qual. Für mehrer Tiere gibt es auch Heime, die über 100 cm Länge und Breite haben. Das hat wiederum den Vorteil, daß man die Schlafhäuschen mittig aufstellen kann und die kleinen Renner immer an der Wand lang hintereinander herlaufen können. Die Gitteraufsätze großer Heime lassen sich auch gut für den kurzfristigen Freilauf im Garten verwenden.

Der Ein- und Ausstieg sollte an der Seite des Heims

Tragen: So liegt es sicher und kann nicht herunterfallen.

liegen, nicht oben. Denn Meerschweinchen sind etwas scheu und schreckhaft, vor allem, wenn sie sich noch nicht eingelebt haben, und können in Panik geraten, wenn sich ihnen etwas Großes, Dunkles von oben nähert und nach ihnen greift. Zur Reinigung läßt sich die möglichst hohe Unterschale problemlos vom Aufsatz abnehmen.

Völlig ungeeignet sind ausgemusterte Aquarien aus Glas oder Kunststoffbehälter. Darin ist nicht genügend Luftaustausch möglich, und es sammeln sich schädliche Ammoniakausdünstungen. Außerdem ist der wichtige Sinneskontakt eingeschränkt oder sogar unmöglich (Isolationshaft). Geradezu grotesk muten Empfehlungen wie Pappkartons oder Waschwannen an.

Grundausstattung

Dazu gehört eine abdeckbare **Heuraufe**, die möglichst eng verdrahtet sein soll. Eine zweite Raufe ist für das Grünzeug vorgesehen. Die Raufen bringt man so hoch an, daß sie gut erreichbar sind, aber nicht als Ruhebett verwendet werden können. Sonst besteht Verletzungsgefahr, und der Raufeninhalt wird zusammengedrückt und dämpfig.

Für das Futter empfiehlt sich ein **Futterspender** aus Metall oder ein möglichst schwerer, nagefester **Keramiknapf**, der standfest und nur so groß ist, daß Futter für 2 bis 3 Tage hineinpaßt, aber kein Platz, um sich hineinzusetzen und ihn vielleicht auch noch als Toilette zu benutzen.

Die sog. **Nippelflasche** sollte mindestens 250 ml fassen. Offene

Wassernäpfe taugen nichts, weil sie zu schnell umgeworfen oder zugemüllt werden. Und nasse Einstreu schadet. Deshalb sollte die Nippelflasche nie über einem Futterbehälter angebracht sein, sondern am besten neben einer Raufe und der Nippel in Nasenhöhe.

Wie ein natürlicher Erdbau soll das **Schlafhaus** wirken und unserem Höhlenschläfer viel Sicherheit vermitteln. Am besten ohne Boden, aus unbehandeltem, möglichst dunklem Holz, und mit einem Flachdach als Ruheplatz und Ausguck, das über eine genügend breite Rampe erreicht wird. Meerschweinchen ziehen dunkles Holz vor. Zwei Schlupflöcher sind von Vorteil, damit ein unterlegenes Tier sich vor dem Dominanten jederzeit verdrücken kann.

In Zoofachgeschäften besorgt man einen flachen **Kalk**- oder **Sandstein** für den besseren Krallenabrieb sowie hohle Wurzeln und Korkeichenröhren. Wahlweise **Röhren** aus Ton, die auf einer Seite abgeflacht sind (um Verletzungen zu vermeiden).

Außerdem braucht man noch eine möglichst flache **Rampe**, damit die Tiere nach dem Freilauf im Zimmer bequem wieder in ihr Heim zurückkehren können, das zu diesem Zweck auf den Boden gestellt wird.

Für das Grünfutter oder Nagerholz gibt es geeignete Klammern.

Die Einstreu

Wichtig ist ein hohes Maß an Saugfähigkeit und Geruchsbindung. Am besten verwendet man ein reines kompostierbares Naturprodukt ohne chemische Zusätze.

Als unterste Schicht eignet sich natürliche Kleinnagerstreu aus Ton (besonders in der Urinecke). Darauf kommt sog. Heimtierstreu oder, noch besser, pelletiertes Gerstenstroh aus biologischem Anbau, das neben der guten Saugkraft noch den Vorteil hat, daß es gefressen werden darf und nach einigen Tagen zu einem angenehmen Teppich zertreten wird. Empfehlenswert auch für Langhaartiere, weil kaum einmal etwas im Fell hängenbleibt.

Nie darf eine Einstreu stauben oder gar kleben, sonst gibt es Schleimhautreizungen, der Blinddarmkot verschmutzt, oder es kön-

Zum Knabbern sollte stets etwas in Reichweite liegen.

nen Kotreste am Fell kleben bleiben.

Heu als Einstreu ist zwar beliebt, aber wenn es verschmutzt gefressen wird, kann es Verdauungsprobleme geben. Gewarnt sei vor Zeitungspapier (eventuell giftig), Sägemehl (zu fein) und feinen Spänen (staubt und klebt). Haltung auf Gitterrosten wäre eine grobe Tierquälerei!

Endlich zu Hause

Das Domizil steht fertig eingerichtet an seinem Platz – mit Wasser, Heu, gewohntem Futter und einem Stück Möhre. Behutsam wird nun der geöffnete Transportbehälter hineingestellt. Obwohl die Ungeduld groß ist, läßt man das Tier selbst entscheiden, wann es herauskommen will. Wundern Sie sich nicht, wenn es sofort abtaucht und in seinem neuen Häuschen verschwindet. Jetzt ist Geduld angesagt, denn der neue Hausgenosse muß erst den Wohnungswechsel und die noch unbekannte Umwelt verkraften. Verhält man sich ruhig, dann kann man beobachten, wie das neue Terrain vorsichtig beschnüffelt oder auch schon mit Duftmarken versehen wird. Beim Inspizieren der neuen Umgebung wird das Meerschweinchen leise Töne von sich geben und bei der geringsten Beunruhigung in das sichere Versteck zurückeilen.

Hat man in die vorgesehene Toilettenecke etwas Streu von der Verkaufsstelle gegeben, besteht die gute Chance, daß diese Ecke von Anfang an angenommen wird.

Übrigens hat auch ein Meerschweinchen ein Recht darauf, weder beim Schlafen, Essen noch auf der Toilette gestört zu werden!

Freundschaft schließen

Hat das Meerschweinchen erst einmal alles untersucht, gegessen und getrunken, sich ausgiebig geputzt und zeigt sich dann völlig entspannt, kann man behutsam und geduldig damit beginnen, sich mit ihm anzufreunden. Das Eis wird am schnellsten gebrochen, wenn man sich zuerst nur auf die Begegnung beim Füttern konzentriert. Dabei wird der Kleine erst einmal aus dem sicheren Häuschen Ihr Tun beobachten und dabei schnuppern. Er muß sich erst an den Geruch

unserer Hand gewöhnen. Tiere, die noch wenig Bekanntschaft mit uns Menschen gemacht haben und beim Züchter wenig Kontakt mit ihrem Pfleger hatten, werden länger scheu bleiben. Bei diesen Tieren muß man besonders geduldig sein, und man darf nie etwas mit Gewalt erzwingen wollen.

Hilfreich für beide ist es, wenn man vor jeglichem Kontakt die Hand ohne Seife wäscht und etwas Futter oder Einstreu zwischen den Fingern verreibt. Wenn wir für das Meerschweinchen „sympathisch" riechen, nimmt die Angst ab, und es wird Vertrauen aufgebaut. Außerdem nähert man sich dem Heim stets langsam und leise sprechend, damit das Tier sich an die fremde Stimme gewöhnen kann. Kommt man in Augenhöhe von vorne und nicht von oben, dann vermeidet man Urängste (Raubvögel greifen immer von oben), auf die das Tier immer mit Flucht oder Verkriechen reagiert.

Verhält man sich richtig, wird der kleine Wicht schon nach wenigen Tagen erwartungsvoll quieken und aus seiner Behausung kommen, um neugierig zu sehen, was es nun Gutes geben wird. Schon bald wird die fütternde Hand berochen und das Futter lautstark eingefordert. Vom Füttern aus der Hand über zärtliches Streicheln bis zum geduldeten Herausnehmen aus dem Häuschen und dem Zurücksetzen aus dem Freilauf kann es, je nach Tier, von einigen Tagen bis zu mehreren Wochen dauern. Erst, wenn

kein Abwehrverhalten mehr feststellbar ist, wird das Schweinchen das erste Mal gewogen.

Andere Heimtiere müssen während der Eingewöhnungszeit vom neuen Familienmitglied ferngehalten werden. Wie sich das Meerschweinchen entwickeln wird, hängt in hohem Maße von seiner Bezugsperson ab. Erst wenn es ohne Angst leben kann, gehegt und gepflegt und mit Herzenswärme angenommen wird, kann es seine individuellen Eigenschaften zeigen und sein wahres Wesen entfalten. Dann wird es ein Leben lang zutraulich und liebenswert bleiben.

Sicher hochnehmen und tragen

Wichtig ist, das zarte Wesen nicht zu fest, aber doch sicher zu halten. Schon manches Tier ist durch irgend etwas erschrocken und abgesprungen. Stürze sind immer gefährlich, selbst aus geringer Höhe. Oder das Tierchen wurde fallen gelassen, weil es aus Angst in die Hand gekniffen hat.

Vorsichtig nähern wir uns mit der Hand und greifen nach einigem Streicheln von der Seite her zwischen die Vorderbeine. Dabei darf der empfindliche Brustkorb natürlich nicht über die Maßen zusammengedrückt werden. Der Griff darf weder zu fest noch zu locker sein. Schon beim Anheben stützt man mit der anderen Hand das Hinterteil. Dann kann der Kleine gut im Arm oder auf dem Schoß ruhen. Eine Hand bleibt dabei stets locker auf dem Körper liegen, um einen Sturz zu verhindern. Beim Stehen und Gehen sichern die Hände den Körper an unserer Brust (Kopf nach oben). Völlig falsch wäre es, das Meerschweinchen nur an den Vorderpfoten hochzuheben oder es gar am Nackenfell zu tragen.

Kinder sollten das Hochheben und Tragen unter Anleitung der Eltern oder des Verkäufers üben. Im Sitzen oder in der Hocke ist die Gefahr am geringsten.

Meerschweinchen richtig füttern

Meerschweinchens liebste Beschäftigung ist „futtern“. Appetitlosigkeit ist immer ein Anzeichen einer Unpäßlichkeit oder gar einer bedrohlichen Erkrankung.

Alle Meerschweinchen sind echte Vegetarier. Ihre wilden Vorfahren ernähren sich noch heute von frischem Grün sowie Rauhfutter (trockene Gräser, Blüten, Samen und Blätter, Knospen, Rinde und Zweige).

Instinktgeleitet bedienen sich die Wildmeerschweinchen auch der Kräuter aus der „Naturapotheke“, die ihnen schmecken und die sie gesund erhalten. Vermutlich munden und bekommen ihnen deshalb auch Heilpflanzen wie Wegerich, Huflattich, Löwenzahn usw. so gut.

Die richtige Zusammensetzung

Gute Grundnahrung muß Eiweiß, Kohlenhydrate, Fette, Vitamine und Spurenelemente sowie Ballaststoffe im richtigen Mischungsverhältnis enthalten. Denn Meerschweinchen brauchen überwiegend ballaststoffreiches (zellulosehaltiges) Futter, das in ihrem 210 bis 230 cm langen Darm langsam aufgeschlüsselt und verwertet wird (siehe Kotfressen, Seite 68).

Saftfutter liefert das lebensnotwendige Vitamin C.

Checkliste: Hochwertiges Heu

- ◯ Es enthält Kräuter und viele Gräser mit Blättern, Blüten und Fruchtständen.
- ◯ Die Stengel sind 20 bis 35 cm lang.
- ◯ Es ist grün, nicht grau.
- ◯ Es duftet aromatisch.
- ◯ Es stammt von biozidfreien Wiesen und ist nicht schadstoffbelastet.
- ◯ Es ist mindestens 6 Wochen abgelagert, trocken, staub- und schimmelfrei.
- ◯ Es liegt locker in der Umhüllung.

Deshalb sollte man bei der Auswahl des im Fachhandel angebotenen Fertigfutters absolut kritisch sein. Es soll eine möglichst leicht verdauliche Pflanzenkost sein, die alles an Nähr- und Vitalstoffen enthält, was das Meerschweinchen in der jeweiligen Lebenssituation braucht (ein volles Aminosäurespektrum, vor allem Methionin und Lysin, dazu Vitamine, Mineralstoffe, Spurenelemente).

Gutes Futter enthält meist Preßpellets (getrocknetes Grünfutter), verschiedene Getreidekörner (vermahlen oder gequetscht) und -Flocken sowie Trockengemüse. Es soll nicht zu schnell sättigen, nicht zu viele Fettmacher wie Nüsse, Sonnenblumenkerne, Mais, Hanf oder schwer Verdauliches oder gar gefärbte Gebäckreste enthalten.

Wertbestimmend für das Futter ist das richtige Mischungsverhältnis sowie die Qualität der Pellets. Gute Mischungen enthalten z. B. viele Blattpflanzen wie Klee, Luzerne, Huflattich, Wegerich sowie Brennnessel. Sie machen nicht fett und nur langsam satt, so daß kontinuierlich immer etwas geknabbert wird.

Vorsicht vor der sogenannten Futterbar: Nicht alles, was einem selbst appetitlich vorkommt, bekommt den Schweinchen auf Dauer. Beim Selbermischen muß man sich beraten lassen, weil sich sonst Verdauungsprobleme einstellen.

Gute Zoofachgeschäfte führen erprobte abgepackte Qualitätsfutter, die den Erhaltungsstoffwechsel sichern, aber auch Spezialfutter für besondere Lebenssituationen, z. B. Zucht und Aufzucht.

Möglichst viel knabbern!

Meerschweinchen müssen möglichst viel knabbern, um ihre ständig nachwachsenden Nagezähne abzunutzen (siehe Seite 53). Je län-

ger sie mit dem Abbeißen, Kauen und Zermahlen der Nahrung beschäftigt sind, desto besser. Dabei kommt es nicht so sehr auf die „Härte" der Nahrung an, sondern auf das ständige Aufeinanderreiben der Zähne.

Auch das Verdauungssystem braucht einen möglichst ständigen Futternachschub. Über den Tag hinweg verteilen sich ca. 40 bis 60 kleine Mahlzeiten, die oft nur aus einigen Bissen Heu oder Saftfutter bestehen. Eine zu schnelle Sättigung ist genauso ungünstig wie Futter-

Heu wird in der Raufe angeboten.

Nippelflaschen sind hygienischer als Wassernäpfe.

mangel oder gar Fastenzeiten. Diese oder ein Überangebot an Nahrung bedingen, daß sich der Darminhalt nicht stetig und vor allem gleichmäßig bewegt. Er gärt, fault und entwickelt Gase, die zu schweren Verdauungsproblemen führen.

Deshalb gehört zu einer gesunden Ernährung stets gutes Rauhfutter: vor allem Heu, auch ungespritzes Stroh oder Zweige bzw. Nagerholz.

Bestes Heu

Heu ist die Grundlage einer gesunden Ernährung, weil es viele Ballaststoffe (Rohfasern), Mineralstoffe und Spurenelemente enthält. Die Wertigkeit des Heus wird von der Menge der darin enthaltenen Wiesenkräuter bestimmt, ebenso

vom Mineralstoffgehalt des Bodens, auf dem das Gras wuchs.

Vor allem sind der Schnittzeitpunkt sowie die Weiterbehandlung des Mähgutes entscheidend, ob man Qualitätsheu einkauft und die Tierchen es mit wahrer Lust und stetem Appetit verzehren.

Am besten bietet man das Heu in einer Raufe an, aus der es mit Begeisterung herausgezogen und gefressen wird. Verunreinigtes Heu muß entfernt werden.

Korngelbes Stroh

Auch die Stroh-Einstreu darf geknabbert werden. Ihr Wert bleibt überwiegend auf den Ballaststoffgehalt beschränkt. Weil Stroh mehr unerwünschte Rückstände enthalten kann als Heu, sollte man nur aus biologischem Anbau kaufen.

Nutzen und Spaß

Frische Zweige und Triebe von allerlei Gehölzen sind bei unseren Nagern beliebt. Zweige bieten neben sinnvoller Beschäftigung auch wertvolle Inhaltsstoffe. Die Rinde und das Holz enthalten gesunde Ballast- und Gerbstoffe sowie Öle. Beim Abnagen und Kauen nutzen sich wiederum die Zähne bestens ab. Gut geeignet ist das ungespritzte Schnittgut von Kern- und Steinobst, Haselnuß, Buchen, Pappeln, Erlen und Weiden. Sicherheitshalber vor dem Verfüttern waschen und gut abtrocknen!

Im Zoofachhandel gibt es auch „Nagerholz".

Gesundes, saftiges Grün

Natürliches Grün wie Wildpflanzen, Obst und Gemüse ist besonders wertvoll, gesund und wird begeistert gefressen.

Der Grünfutteranteil kann nach langsamer Gewöhnung 50 bis 70 g pro kg Körpergewicht und Tag betragen.

Weil Meerschweinchen Vitamin C (Ascorbinsäure) nicht selbst bilden und im Körper speichern können, müssen sie es mit der Nahrung (vor allem Grünfutter) oder als Zusatz über das Trinkwasser aufnehmen. Bei einer Unterversorgung treten unweigerlich meist schon nach 2 bis 3 Wochen

deutliche Mangelerscheinungen auf: Die Tiere werden apathisch und neigen zu Infektionskrankheiten.

Früher oder später kann eine auffällige Schmerzempfindlichkeit in den anschwellenden Beinen festgestellt werden. Außerdem bleiben dann Knochenbrüche nicht mehr lange aus. Kommen noch innere Blutungen hinzu, sind die Schweinchen ernsthaft bedroht. Besonders in den Wintermonaten, wenn das Nahrungsangebot zu einseitig wird, kann Skorbut (Zahnfleischbluten, Zahnlockerung und Ausfall) auftreten. Auch Wunden heilen stark verzögert. Typisch ist vor allem die allgemeine Lustlosigkeit (Apathie) und eine häufig zu beobachtende Seitenlage mit stark abgespreizten Beinchen.

Dem gilt es vorzubeugen: Viel Grünes und vor allem im Winter ein Vitamin-C-haltiges Präparat aus dem Zoofachgeschäft oder etwas Ascorbinsäure aus der Apotheke (pro Tag 30–40 mg in 100 ml Trinkwasser, dem zur Stabilisierung noch 60–80 mg Zitronensäure zugesetzt werden).

Zur Abwechslung bieten wir frisches, reifes und möglichst süßes Obst an, z. B. Äpfel, Birnen oder Melonen. Behandeltes Obst (Waschwasser perlt ab) wird immer geschält. Auch geschälte Möhren und Paprika, kleine Stückchen Gurke, Fenchel, Avocado und Topinambur sowie Liebstöckel, Salbei,

Vitamin-C-Bomben

Diese Früchte und Gemüse enthalten besonders viel Vitamin C und werden vom Meerschweinchen ohne Blähungen vertragen.

100 g	Vitamin C-Gehalt
Schwarze Johannisbeeren	177 mg
Petersiliengrün	166 mg
grüne Paprika	139 mg
Kiwi	108 mg
Brokkoli	70 mg
Erdbeeren	64 mg
Spinat	52 mg
Brunnenkresse	51 mg
Apfelsinen	50 mg
Petersilienwurzel	41 mg
Feldsalat	35 mg
Löwenzahnblätter	30 mg
Tomaten	24 mg

Wertvolles aus der Natur

- Beifuß
- Blaue Luzerne
- Brennessel (angetrocknet)
- Gänseblümchen
- Giersch
- Hasenscharte
- Huflattich
- Indianernessel
- Kamille
- Kapuzinerkresse
- Kresse
- Löwenzahn
- Malve (Käsepappel)
- Melde
- Pfefferminze
- Purpursonnenhut
- Ringelblume
- Rotklee
- Salbei
- Sauerampfer (wenig)
- Topinambur
- Wegerich
- Weißklee (wenig)
- Wiesenschafgarbe

Wermut, Borretsch und Dill sind geeignet.

Knoblauch (auch das Kraut), in kleinen Mengen unter das Futter gemischt, hat besonders beim Aufenthalt draußen eine gute Wirkung und hält in Maßen Lästlinge fern.

Achtung: Rohe Bohnen und grüne Kartoffeln sind giftig! Der grünliche Austrieb ist bei Möhren genauso zu entfernen wie der Stielansatz bei Tomaten!

Petersilie (keine Samen!) mit ihrem hohen Vitamin-C-Gehalt und einer Vielzahl weiterer wertvoller Inhaltsstoffe wird geschnitten oder gezupft in kleinen Mengen unter alles Grün gemischt. Sie wirkt geruchshemmend und verbreitet ein angenehmes Aroma. Alle diese Köstlichkeiten sollten aus biologischem Anbau oder unbehandelt aus eigener Erzeugung stammen.

Manche Pflanzen wie Möhren, Löwenzahn usw. enthalten Farbstoffe. Deshalb können sowohl das Fell (insbesondere weißes) als auch der Urin gefärbt sein.

Wer Platz, Raum und genügend Zeit hat, kann die Zukost für seine Lieben selbst produzieren (siehe Kasten S. 90). Man weiß, was drin ist, und zudem macht es Spaß.

Gesunde Wildpflanzen

Auch Wildpflanzen sind gut zur Nahrungsergänzung geeignet. Sie wachsen fast überall. Am besten pflückt man sie von unbewirtschafteten Wiesen, die sich durch einen artenreichen Kräuterbestand auszeichnen, oder auf Grünflächen und in Gärten, in denen nichts Giftiges ausgebracht wird. Die in der Tabelle aufgeführten Arten empfehlen sich wegen ihres hohen Nährstoffgehaltes und ihrer wertvollen Vitamine und Mineralstoffe. Manche sind zudem noch ausgesprochen gesundheitsfördernd. So sind z. B. ganz junge Brennesseln besonders im Frühjahr sehr wertvoll.

Es gibt auch Orte, an denen man besser nicht sammelt: Wegränder

und Straßen scheiden wegen der Abgasbelastung aus. Auch Parkanlagen sind häufig biozidbelastet oder durch Tierkot verunreinigt (Gefahr der Verwurmung). Auch die Nähe von Äckern, Baumschulen und Gärtnereien sollte wegen der hohen Schadstoffbelastung gemieden werden. Selbst im eigenen Garten kann es Probleme geben, wenn dort oder in der Nachbarschaft Pflanzenschutzmittel oder Dünger zum Einsatz kommen. Der Wind kennt keine Grenzen!

Seltene oder geschützte Pflanzen, die als Futter in Frage kämen, werden hier bewußt ausgeklammert. Ebenso Pflanzen, die leicht mit giftigen verwechselt werden können. Generell gilt: Hände weg von Unbekanntem. So ist z. B. die Herbstzeitlose, die gerade im Frühjahr saftige grüne Blätter hervorbringt, äußerst giftig. Am besten zieht man entsprechende Literatur zu Rate (S. 120).

Sammeltips:

- Sammeln Sie nur den Tagesbedarf, damit nichts verwelkt oder verdirbt.
- Nehmen Sie nur trockene und saubere Käuter mit. Keine welken oder vergilbten Blätter verwenden.
- Pflanzen sauber abschneiden, nicht ausreißen oder abrupfen, damit sie wieder austreiben können. Entfernen Sie nie das letzte Exemplar.
- Keinen Flurschaden anrichten, gesetzliche Bestimmungen beachten.
- Alle Pflanzen luftig und kühl transportieren.
- Das Sammelgut nicht länger als zwei Stunden liegenlassen.

Löwenzahn ist lecker und gesund.

Leckeres und Knabberfutter

Geeignet sind Produkte, die vorwiegend Pflanzliches, z. B. getrocknete Wildkräuter, Gemüse, Obst, Möhrenpellets etc., enthalten. Preßheu und Nagergebäck eignen sich ebenfalls.

Wertvolle Nahrungsergänzungen

Ein Mineral- und ein Salzleckstein empfehlen sich immer, da Meerschweinchen sich daran instinktiv bedienen.

Besonders in der vitaminarmen Zeit sollte man auf ein gutes Gesamtvitaminpräparat aus dem Zoofachgeschäft nicht verzichten. Das gleiche gilt für die Unterstützung eines Rekonvaleszenten, bei Problemen mit dem Haarwechsel oder auch nach der Geburt. Dann können zusätzliche Vitamine helfen.

Damit nichts verdirbt

- Nur hochwertiges, richtig gelagertes Futter behält seine wertvollen Inhaltsstoffe.
- Frisch abgepacktes Futter kaufen und keine zu großen Packungen wählen, auch wenn sie preislich günstiger sind. Je länger ein Futtermittel liegt, desto wertloser wird es.
- Angebrochene Packungen kühl, trocken und vor Sonnenlicht geschützt lagern.
- Vor dem Verfüttern älterer Chargen sollte man die Sonnenblumenkerne und Nüsse probieren. Wenn sie ranzig schmecken oder riechen, ist das ganze Futter verdorben.
- Niemals Futtermittel neben Wasch- und Putzmitteln oder stark ausdünstenden Produkten wie Reinigungs-, Desinfektions-, Schädlingsbekämpfungs- oder Düngemitteln lagern.
- Mäuse, Ratten und Schadinsekten dürfen das Futter auf keinen Fall erreichen.
- Nie dort kaufen, wo das Futter nicht richtig gelagert wird.

Richtig füttern

Meerschweinchen sind durchaus Feinschmecker und vor allem Gewohnheitstiere. Es ist also möglich, daß ein Tier einen vermeintlichen Leckerbissen ablehnt. Denn was die Tiere nicht durch ihre Mutter kennengelernt haben, ist ihnen äußerst suspekt. Nur mit viel Geduld und List kann es doch noch gelingen, den Argwohn zu beseitigen. Außerdem haben Meerschweinchen auch Vorlieben und können futterlaunisch sein. Das heißt, was heute noch Begeisterung auslöst, kann morgen schon abgelehnt werden.

Um Verdauungsstörungen zu vermeiden, ist es wichtig, daß das Tier auf jede neue Futtersorte mit kleinen Mengen, die langsam gesteigert werden, eingestimmt wird. Dies gilt vor allem für den Freilauf im Garten (siehe Seite 90). Zudem sollte man nie einseitig, sondern möglichst abwechslungsreich füttern.

Äpfel-Knabbern ist eine gesunde Beschäftigung für alle Meerschweinchen.

Es hängt von Alter, Temperament, Bewegungsangebot, Behausungsgröße, Einzel- oder Gruppenhaltung, Auslauf drinnen und draußen sowie der Jahreszeit (Umgebungstemperatur) ab, wieviel Futter ein Meerschweinchen braucht. Als Faustregel gilt: Von der Fertigfuttermischung 10–30 g pro kg Körpergewicht (ca. 2–3 Eßlöffel) auf den frühen Morgen und späten Nachmittag verteilt geben. Zusätzlich 40 bis 70 g Saftfutter sowie Heu und Wasser zur freien Verfügung.

Grundsätzlich nur sauberes und frisches Futter reichen. Saftfutter wird sauber und abgetrocknet und in wohldosierten Mengen gegeben. Frisches Gras etc. darf nicht naß sein. Was an Frischfutter nach drei Stunden noch vorhanden ist, sollte man entfernen, Fertigfutterreste nach einem Tag.

Gewichtskontrolle

Damit das Tier nicht zu dick wird, ist es nötig, es regelmäßig alle 2 bis 3 Wochen zu wiegen. Nur so kann man rechtzeitig gegensteuern, wenn das geschlechtsspezifische

Verbotenes Futter

Verboten sind

- Essensreste
- Salat, der nicht aus biologischem Anbau stammt
- Kohl
- Kraut
- Altes Brot
- Süßigkeiten
- Kuchen

Nur in sehr kleinen Mengen

- Haferflocken, Nüsse
- Hundekuchen
- Blattsalate
- Sonnenblumenkerne

Gewicht um mehr als 20% über- oder unterschritten wird. Gesunde, erwachsene Meerschweinchen wiegen rund 900 bis 1400 g, wobei die Weibchen leichter als die Männchen sind. Wiegt ein erwachsenes Weibchen z. B. mehr als 1100 g oder ein Böckchen mehr als 1600 g, läßt sich durch Verringern der Fertigfuttermenge und mit einem gesteigerten Bewegungsangebot das Übergewicht leicht wieder abbauen (siehe Seite 62).

Gesundes Wasser

Meerschweinchen müssen trinken können. Das Wasser wird sowohl drinnen als auch draußen täglich frisch gereicht und die Nippeltränke immer saubergehalten.

Wenn ein Tier die Nippelflasche nicht kennengelernt hat,

nimmt man es vorsichtig und hält die Schnauze an den Auslauf, bis ein Tropfen hervorquillt. Die Tiere kapieren dies meist sehr schnell. Falls es nicht funktioniert, füllt man die Flasche mit verdünntem Möhrensaft.

Leider läßt die Trinkwasserqualität immer mehr zu wünschen übrig. Schadstoffe, z. B. Nitrat, Chlor, aber auch Kupfer fließen häufig in gesundheitlich bedenklichen Mengen aus unserer Leitung. Schon manches Meerschweinchen ist daran gestorben (besonders Jungtiere). Um v. a. den schädlichen Kupfergehalt so niedrig wie möglich zu halten, wird die Flasche erst dann mit kaltem Wasser gefüllt, wenn schon relativ viel Wasser abgelaufen ist (ca. 3 Minuten). Chlor kann man durch Erhitzen entfernen. Das Wasser muß dann vor der Verwendung abkühlen. Sind über 40 mg/l Nitrat oder andere schädliche Substanzen im Wasser enthalten, gibt man stilles und natriumarmes Mineralwasser oder verwendet einen schadstoffreduzierenden Haushaltsfilter.

Auf keinen Fall darf man jedoch destilliertes Wasser verwenden, dies schadet massiv. Ebenso falsch wäre es, anstelle von Wasser verdünnte Milch anzubieten. Sie ist kaum verdaulich und führt durch den enthaltenen Milchzucker zu Durchfall.

Achtung: Salat muß aus biologischem Anbau sein!

Gut gepflegt von Kopf bis Fuß

Meerschweinchen sind von Natur aus sehr reinlich und putzen sich oft. Dennoch brauchen sie sorgfältige Pflege, um gesund zu bleiben. Tiere, die mit Menschen nur gute Erfahrungen gemacht haben, genießen die Pflege sehr.

1

Die Geschlechtsecken neben dem After werden regelmäßig auf Verschmutzungen hin kontrolliert und vorsichtig mit einem Papiertaschentuch gesäubert.

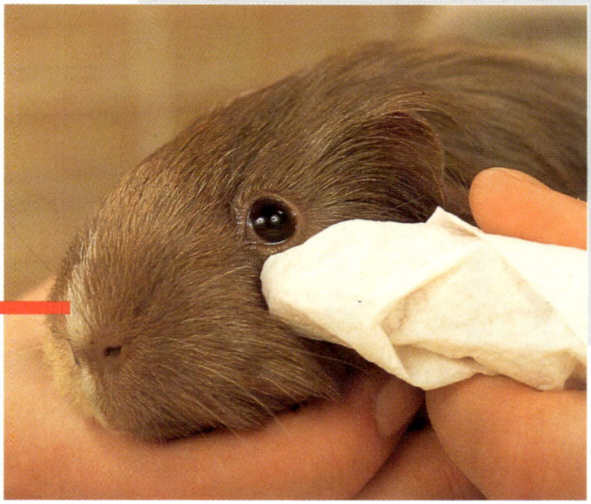

2

Auch die Augenwinkel werden bei Bedarf vorsichtig mit einem feuchten Papiertaschentuch saubergewischt.

Der Spiegel der Gesundheit

Das Fell schützt die Haut vor Austrocknung und Umwelteinflüssen und dient wildlebenden Tieren als Tarnung. Es unterliegt im Frühjahr und Herbst einem deutlich sichtbaren Haarwechsel. Auch dazwischen haaren die Tiere. Bei Kurzhaarschweinchen wird das abgestorbene Haar mindestens einmal pro Woche ausgekämmt, während des Fellwechsels zwei- bis dreimal wöchentlich. Man kämmt immer mit dem Haarstrich. Langhaartiere muß man täglich kämmen, damit das Fell nicht verfilzt oder sich Parasiten einnisten. Man verwendet einen Spezialkamm mit abgerunde-

3

Streicheln und Bürsten pflegen nicht nur das Haarkleid des Meerschweinchens, sie sind auch eine sanfte Massage für den kleinen Vierbeiner.

4

Kontrollieren Sie unbedingt die Zähne Ihres Meerschweinchens: Sie müssen gerade aufeinanderstehen und sollen nicht zu lang sein. Im Zweifelsfall berät und hilft der Tierarzt.

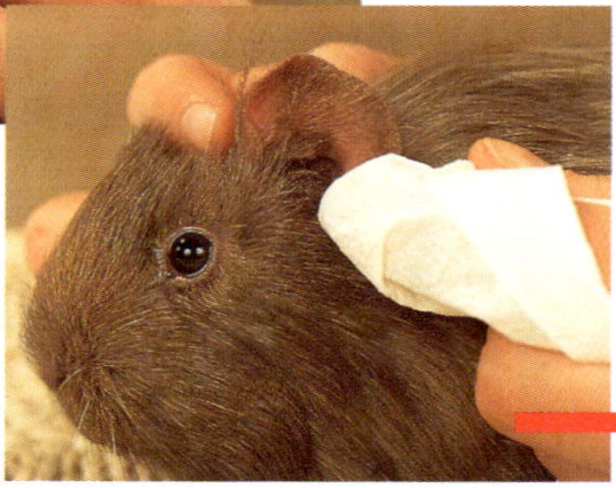

5

Die Ohren werden vorsichtig ausgewischt. Verwenden Sie keine Wattestäbchen.
Sie können Ohrverletzungen verursachen.

ten und drehbaren Zinken (Katzenzubehör). Knoten muß man vorsichtig der Länge nach aufschneiden. Vorsicht, nicht ziepen!

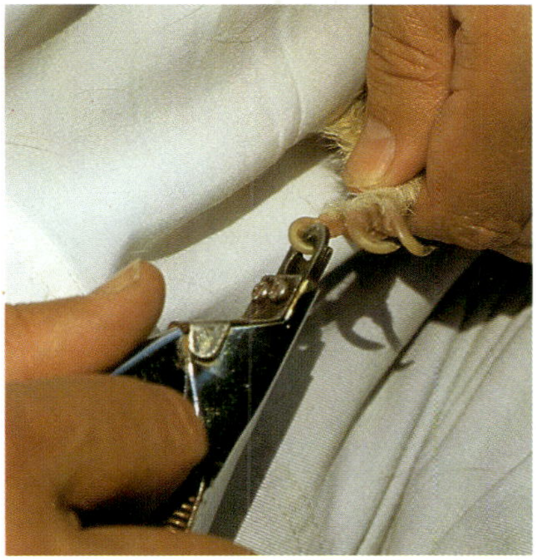

Mit speziellen Zangen geht das Kürzen der Krallen leicht und sicher.

„Kämmhilfen" (Zoofachhandel) in Pumpflaschen und ein Entfilzungskamm sind bewährte Hilfsmittel. Wer sein Langhaartier nicht auf einer Ausstellung zeigen will, kann das Haar auf Bodenlänge einkürzen.

Alle Meerschweinchen kann man auch mit einem noppenbesetzten Pflegehandschuh sanft streichelnd säubern und dabei groomen.

Achtung, wasserscheu!

Meerschweinchen darf man nicht baden. Bei richtiger Pflege und Fütterung bleibt ihr Fell sauber und duftet nach frischem Heu.

Ist eine Stelle stark verschmutzt oder ein medizinisches Bad nötig, wird das Tier mit einem rückfettenden Welpenshampoo und handwarmem Wasser gewaschen. Der Raum muß warm und zugfrei sein. Danach trocknet man das Tier sofort ab und fönt es warm (nicht heiß!).

Fußpflege

Da Meerschweinchen meist zu wenig Gelegenheit zum Scharren haben und sie ihre Krallen kaum auf rauhen Böden ablaufen können, werden diese oft so lang, daß sie das Tier behindern, abreißen oder sich das Nagelbett entzündet.

Besonders die vier Krallen an den Vorderfüßen wachsen schneller als die drei der hinteren. Sind sie erst korkenzieherartig gedreht oder auffällig lang, müssen sie eingekürzt werden. Bitten Sie Ihren Tierarzt, es Ihnen zu zeigen. Am besten arbeitet man zu zweit: Eine Person hält das Tier, fixiert dabei die Pfote mit den Fingern und schiebt das Fell beiseite, damit die andere Person die spezielle Krallenzange richtig ansetzen kann. Vor einer Lichtquelle kann man den blut- und nervenführenden Bereich der Kralle gut erkennen. Man schneidet 3–5 mm davor.

Sind die Krallen undurchsichtig, kürzt man öfter die Spitzen, so daß sie stets im Bogen nach unten zeigen und beim Laufen die ganze Fußfläche auf dem Boden aufliegt.

Tritt, trotz aller Vorsicht, etwas Blut aus, so versorgt man die Stelle mit Sprühpflaster.

Zahnkontrolle

Frißt das Meerschweinchen nur zögerlich und schlecht oder speichelt es dabei stark, so kann etwas mit den Zähnen nicht in Ordnung sein. Sowohl die Schneide- als auch die Backenzähne können zu lang sein und das Tier beim Fressen hindern und starke Schmerzen verursachen. Dann muß man unbedingt zum Tierarzt. Er kann feststellen, ob eine angeborene Zahnfehlstellung oder falsche Ernährung die Ursache ist. Er wird die Zähne einkürzen (S. 67).

Augenpflege

Bei langhaarigen Tieren kann man das Fell, das die Augen bedeckt, etwas einkürzen. Schlafkrümel oder leichte Verkrustungen werden mit lauwarmem Wasser angefeuchtet und mit einem sauberen Papiertaschentuch vorsichtig abgewischt. Nichts in das Auge reiben! Gelblich gefärbtes Sekret oder ständiger Tränenfluß deuten auf eine Verletzung bzw. Krankheit hin und müssen vom Tierarzt untersucht werden.

Von klein auf gut gepflegt

Checkliste: Ein Wochenende allein

Bevor man ins Wochenende fährt...

- ◯ reinigt man die Toilettenecken.
- ◯ tauscht verschmutzte Einstreu gegen frische aus.
- ◯ stellt man reichlich Heu und Fertigfutter für die Zeit der Abwesenheit bereit.
- ◯ installiert man zur Sicherheit eine zweite Trinkflasche und einen zweiten Futterspender. Denn eine Flasche kann z. B. einmal auslaufen und ein Spender verstopfen.

Ohrenkontrolle

Normalerweise bleiben die Ohren stets sauber. Wenn das Meerschweinchen jedoch im Heu oder in der Einstreu wühlt, kann Staub oder Dreck das Ohr verschmutzen.

Mit einem sauberen Tüchlein wird der Schmutz vorsichtig nach außen befördert. Verwenden Sie niemals Wattestäbchen! Sind die Ohrränder verkrustet, riecht das Ohr schlecht oder kratzt sich das Meerschweinchen häufig, sollte man möglichst schnell einen Tierarzt aufsuchen.

Reinigung der Analregion

Die Analgegend, auch die Hautfalten neben den Geschlechtsorganen, halten Meerschweinchen normalerweise selbst recht sauber. Trotzdem sollte man die Analregion regelmäßig kontrollieren. Stellt man Ablagerungen oder Verkrustungen fest, entfernt man diese mit hautwarmem Wasser und einem weichen Tüchlein und trägt anschließend etwas Babyöl auf.

Zurück von draußen

Bei neu hinzugekauften Tieren oder nach dem Freilauf sollte man das Fell mit einem sog. Floh- oder Läusekamm über einem weißen Tuch auskämmen, um Ektoparasiten wie Flöhe, Läuse, Haarlinge und Milben sofort zu entdecken.

Schwärzliche Kügelchen sind Flohkot. Wirksame Parasitenmittel erhält man im Zoofachgeschäft. Man wendet sie nach der Gebrauchsanweisung an und bezieht immer die Umgebung mit ein!

Die Analregion sollte nach dem Freilauf ebenfalls genau kontrolliert werden. Denn bei feuchtem Kot verklebt das Fell,

und dort legen Fliegen ihre Eier hinein. Im Handumdrehen schlüpfen dann Maden, die sich in die Haut bohren und gefährliche Entzündungen verursachen. Sollte einmal ein solcher Befall vorliegen, muß man sofort den Tierarzt aufsuchen.

Wochenendversorgung

Meerschweinchen können ein Wochenende durchaus einmal alleine (ohne Tiersitter, siehe S. 95) zu Hause verbringen – vorausgesetzt, genügend Futter, Heu und Wasser sind vorhanden. Sicherheitshalber wird eine zweite Wasserflasche montiert und zusätzlich eine Möhre gegeben.

Nach der Rückkehr muß man alles, was nicht gefressen wurde, sofort entfernen. Wenn die Meerschweinchen zuviel gefressen haben, füttert man am darauffolgenden Tag weniger gehaltvolles Fertigfutter und statt dessen mehr Saftfutter.

Meerschweinchen sind Rudeltiere. Sie versuchen auch einen gesunden Eindruck zu machen, selbst wenn sie sich nicht wohlfühlen. Denn kranke Tiere werden vom Rudel ausgestoßen. Deshalb verhalten sich kranke Meerschweinchen, so lange es geht, als ob sie gesund wären. Wie Sie Ihr Schweinchen topfit erhalten und im Krankheitsfall schnell reagieren, lesen Sie auf den folgenden Seiten.

NATÜRLICH GESUND

So bleibt Ihr Meerschweinchen fit und gesund

Das gesunde Meerschweinchen

Ein gesundes Meerschweinchen...

- ist lebhaft, aufmerksam und munter.
- ist kompakt und wohlgeformt, nicht zu fett oder zu mager.
- hat klare glänzende Augen.
- hat trockene und saubere Ohren und Lippen.
- hat eine trockene bis leicht feuchte, saubere Nase.
- atmet ruhig (ca. 100–150 Atemzüge pro Minute).
- hat eine Körpertemperatur von 37,8–39,5 °C.
- läuft locker und frei.
- hat saubere Sohlen.
- hat eine saubere Analregion.
- kaut problemlos und speichelt nicht.
- hat Schneidezähne, die gerade aufeinanderstehen.
- frißt mit Appetit.
- betreibt regelmäßig Körperpflege.
- zeigt ein glänzendes, dichtes Fell ohne Parasiten.
- riecht nach frischem Heu oder Stroh.

Artgerecht gepflegte, topfitte Meerschweinchen, die viel Auslauf und Zuwendung erhalten, werden selten krank. Sie gelten zu Recht als widerstandsfähig und robust. Auch Erbkrankheiten sind noch äußerst selten. Trotzdem kann es zu Unpäßlichkeiten, Verletzungen oder ernsthaften Erkrankungen kommen. Erste Anzeichen, daß etwas nicht in Ordnung ist, sind gut zu erkennen (siehe Tabelle S. 62).

Mangels Sprachvermögens leiden die Tiere oft still vor sich hin. Man kann ihr Unwohlsein zunächst nur an ihrem veränderten Verhalten feststellen. Sind die Ursachen klar, genügt es oft schon, diese abzustellen bzw. Erste Hilfe zu leisten.

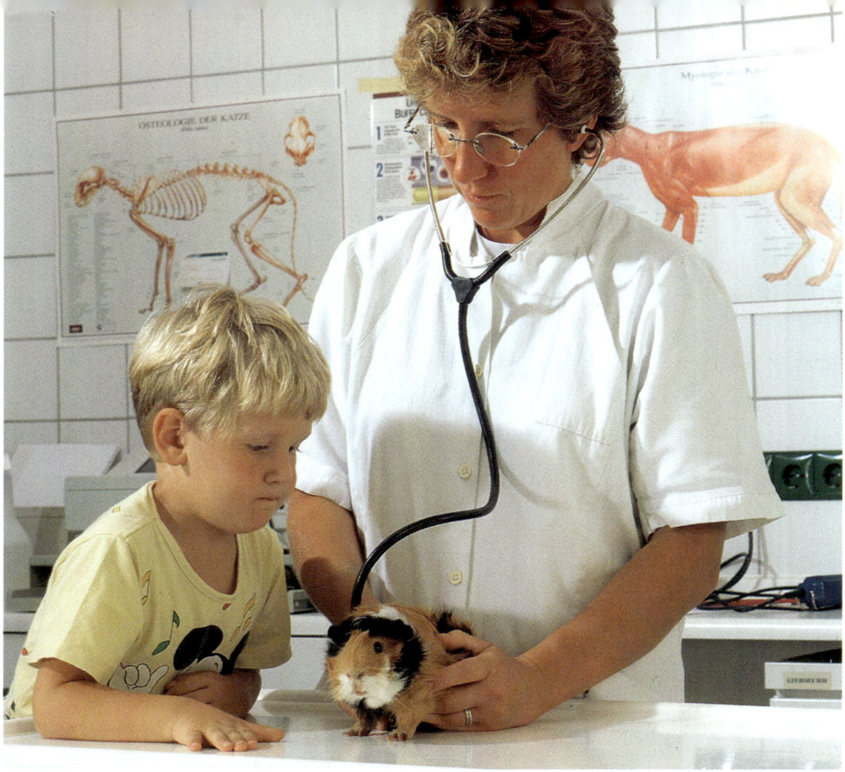

Viele Meerschweinchen sind geduldige Patienten.

Vor dem Tierarztbesuch

Vor jeder erfolgversprechenden Behandlung muß eine genaue Diagnose erfolgen. Es ist also wichtig, schon bei der leisesten Unsicherheit einen Tierarzt aufzusuchen – zumal es auch eine akute und ansteckende Krankheit sein könnte.

Für den Transport eignet sich eine Transportbox (mit einer dicken Schicht Haushaltspapier auslegen) mit Gitter, deren Oberteil offen oder abnehmbar ist.

Für eine schnelle Diagnose empfiehlt es sich, die im Kasten S. 60 aufgeführten Punkte zu notieren.

Krankheiten

Augenerkrankungen. Jegliche Veränderungen, Infektionen und Entzündungen am Auge und an den Bindehäuten muß der Tierarzt versorgen. Eventuell kann man Fremdkörper, die unter dem Lid stecken, sehr vorsichtig selbst entfernen. Erkrankte Tiere bei gedämpftem Licht pflegen.

Ballenentzündungen. Sie werden durch Übergewicht und feuchte Einstreu begünstigt. Hilfreich sind Ringelblumen- oder Wundsalben (Füße danach verbinden, damit die Einstreu nicht anklebt) und Bäder mit Kamillenauszügen und desinfizierenden Lösungen.

Blasenentzündung. Das Tier zeigt eine feuchte Afterregion und Schmerzäußerungen beim Wasserlassen und beim Anfassen. Urinprobe vom Tierarzt untersuchen lassen (Tier in eine Plastikwanne setzen, Urin mit einer Einwegspritze aufsaugen). Unterstützend: Cantharis D6.

Blutungen. Blutungen aus Maul, Nase, After oder Geschlechtsöffnung sind ein Alarmzeichen. Sofort den Tierarzt aufsuchen.

Durchfallerkrankungen. Sie können durch Würmer, Parasiten, Viren oder auch die Fütterung bedingt sein. Bei heftigen Durchfällen oder Blutbeimengungen sofort zum Tierarzt. Er wird auch die Ursache diagnostizieren, die dann abgestellt werden muß. Bei Durchfall ohne Blutbeimengung das Grün- und Saftfutter vorübergehend durch Trockenfutter ersetzen; bestes Heu zur freien Verfügung; frisches, chlorfreies Wasser; Weidenzweige mit Blättern (Salweide); getrocknete Heidelbeeren; täglich ein Teelöffel Johannisbrotkernmehl ins Futter mischen. Wenn nach 2 Tagen keine

Checkliste: Vor dem Tierarztbesuch notieren

- ○ Wie alt ist das Tier?
- ○ Seit wann lebt es bei Ihnen?
- ○ Wo und wie wird es gepflegt?
- ○ Seit wann ist es unpäßlich?
- ○ Welche Symptome zeigt es?
- ○ Hat es Appetit und Durst?
- ○ Wann hat es das letzte Mal etwas zu sich genommen?
- ○ Was hat das Meerschweinchen gegessen und getrunken?
- ○ Kann es etwas Schädliches aufgenommen haben?
- ○ Wie sind die Ausscheidungen geformt und gefärbt?
- ○ Gibt es Schmerzensäußerungen von sich?
- ○ Handelt es sich um ein Zuchttier?
- ○ Nehmen Sie eine Kotprobe mit oder, wenn ein Vergiftungsverdacht vorliegt, packen Sie angefressene Pflanzenteile ein.
- ○ Notieren Sie, was sich alles in der Reichweite der Tiere befindet (Pflanzen etc.)

Solch eine Transportbox ist ideal für den Weg zum Tierarzt.

Besserung eingetreten ist, den Tierarzt aufsuchen. Bei Durchfall regelmäßig das Fell im Afterbereich feucht und dann trocken sauberwischen.

Eierstockzysten. Sie treten häufiger im Alter zwischen 2 und 4 Jahren auf. Ein verdickter Leib und Haarausfall an Flanken und Rumpf deuten darauf hin. Der Tierarzt wird eine Hormonbehandlung oder Operation vorschlagen.

Ektoparasiten. Besondere Ansteckungsgefahr besteht draußen. Wirksame Mittel zur Behandlung von Haarlingen, Milben, Läusen, Flöhen sind im Zoofachgeschäft oder beim Tierarzt erhältlich. Gebrauchsanweisung beachten und Nachbehandlung nicht vergessen, um den Neubefall aus übriggebliebenen Eiern auszuschließen!

ProfiTip
von Dr. med. vet. Anne Warrlich

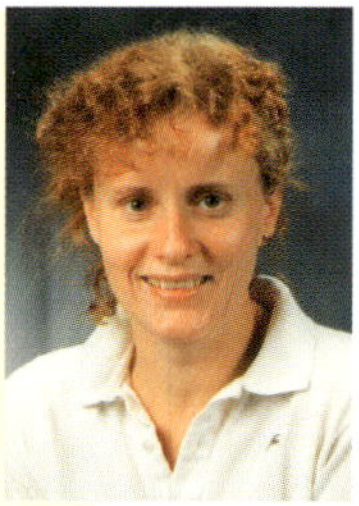

Rotlichtbehandlung

Kranke Tiere sind besonders wärmebedürftig. Außerdem wirkt die Rotlichtbestrahlung schmerzlindernd und entkrampft verspannte Muskulatur. Wenn das Tier so schwach ist, daß es nur noch auf der Seite liegt, muß man es unbedingt in regelmäßigen Abständen drehen, damit es gleichmäßig gewärmt wird. Man stellt die Lampe in ca. 50 cm Abstand vom Heim auf und bestrahlt den ganzen Tag. Prüfen Sie mit der Hand für mindestens 2 Minuten, ob man die Temperatur gut aushalten kann. Abends die Temperatur langsam absenken, indem man den Abstand des Strahlers zum Heim allmählich vergrößert.

Endoparasiten. Symptome sind ein aufgetriebener Bauch bei Abmagerungen, Appetitmangel und Kotveränderungen. Der Tierarzt wählt das Mittel entsprechend der diagnostizierten Wurmart.

Erkältungskrankheiten. Niesen kann durch staubige Einstreu, Reinigungsmittel oder die Raumluft hervorgerufen werden. Nasenfluß, röchelnder Atem und geschwollene, tränende Augen lassen auf eine Erkrankung schließen; dann den Tierarzt aufsuchen. Vorbeugung: Luftfeuchtigkeit 50–70%, 18–22°C, ausreichende Vitamin-C-Versorgung.

Gewichtsverlust. Nimmt von mehreren zusammen lebenden Böckchen eines plötzlich ab, kann es unter der Dominanz der anderen leiden und sogar sterben. Dann muß man sie trennen.

Haarausfall. An den Flanken kann er ein Hinweis auf Eierstockzysten sein.

Hautentzündungen. Sie werden meist durch Parasiten (Milben) oder Pilzinfektionen hervorgerufen, evtl. durch Bißverletzungen. Die Symptome sind Kratzen, unruhiges Umherrennen, Schuppen oder krustige Stellen im Fell. Der Tierarzt wird vor der Behandlung eine genaue Diagnose stellen (Abstrich, Kultur).

Hitzschlag. Er kann auftreten,

Bei diesen Symptomen

- Starke Gewichtsabnahme
- Beißen und Quietschen bei Berührung
- Unruhe und ständiges Scharren in der Toilettenecke
- Starke Unruhe, wenn Hunger und Durst ausgeschlossen sind
- Eigenartig gewinkelte Gliedmaßen
- Gleichgewichtsstörungen
- Lähmungserscheinungen (Beine werden nachgezogen)
- Drehen im Kreis
- Lange andauerndes Zittern
- Ständiges Verkriechen im Häuschen
- Stundenlanges Verharren an einem Platz
- Unnatürliche Seitenlage
- Verzögerte Bewegungen
- Blutspuren
- Wunden und Borken
- Appetitlosigkeit, interessiert sich nicht für Futter und Leckerbissen
- Stark gesteigerte Flüssigkeitsaufnahme
- Aufgetriebener Leib (Bauchdecke hart und angespannt wie eine Trommel oder aufgetrieben und weich)
- Afterregion verklebt, auch mit Kotklumpen
- Durchfall, auch mit Blutbeimengungen (Alarmzeichen!)
- Andauernde Verstopfung, evtl. im Wechsel mit schleimigem, stark riechendem Kotabsatz
- Änderungen der Kotbeschaffenheit, der

müssen Sie sofort zum Tierarzt!

-farbe oder des -geruchs (Verdauungsstörungen)

- Krämpfe, Muskelzittern, Zuckungen
- Abmagerung trotz Nahrungsaufnahme
- Auffällig häufiger Harnabsatz
- Blut im Urin
- Haarausfall außerhalb des Haarwechsels im Herbst
- Mattes, struppiges Fell
- Kahle, graue Stellen (punktueller Haarausfall) oder Krusten
- Häufiges Kratzen (Juckreiz)
- Hautrötungen oder Hautveränderungen jeder Art
- Starke Schuppenbildung
- Borkige Haut
- Schwellungen, Beulen
- Abszesse
- Ungewöhnlicher Kopfschiefstand
- Auffallendes Schütteln des Kopfes
- Ständiges Kratzen am Ohr
- Verkrustungen am oder im Ohr
- Stark tränende, eiternde oder verklebte Augen
- Geschwollene Lider, Auflagerungen
- Trübungen der Augen oder geröteter Augapfel
- Nasenbluten
- Plötzlich auftretender Nasenausfluß, auch eitrig
- Häufiges Niesen (Schnupfen)
- Häufiges Husten (oft röchelnd)
- Schwellungen, Grind an den Lippen
- Überlange, gebogene oder gedrehte Schneidezähne
- Starkes Speicheln (Kaubeschwerden), nasses Kinn
- Atembeschwerden (heftige Atmung, Kurzatmigkeit)
- Pfeifende, rasselnde Atemgeräusche mit pumpender Bauchatmung
- Schwellungen und Veränderungen an Gesäuge und Geschlechtsorganen
- Angeschwollene oder wunde Beinchen und Sohlen
- Eingewachsene, korkenzieherartig gedrehte Krallen

Hygiene-Check

So vermeiden Sie Zoonosen (S. 68)

- ○ Mundkontakt unterlassen (kein Küßchen geben).
- ○ Nach dem Umgang mit dem Tier stets die Hände waschen.
- ○ Vor oder während des Essens nicht streicheln.
- ○ Regelmäßig die Einstreu wechseln und die Toilettenecke gründlich desinfizieren.
- ○ Köddel und Urin sowie Futterreste regelmäßig entfernen.
- ○ Durch guten Umgang Bisse vermeiden.
- ○ Kränkelnde Tiere stets dem Tierarzt vorstellen.
- ○ Bei der Krankenpflege eigene Hygiene beachten.
- ○ Bei einem Freiluftaufenthalt darauf achten, daß es mit keinen anderen Tieren zusammenkommt.
- ○ Neu hinzugekaufte Tiere zunächst in Quarantäne pflegen.
- ○ Stets für optimale Pflege sorgen. Denn vitale Tiere sind kaum anfällig.

wenn ein Tier großer Wärme oder praller Sonne ausgesetzt war. Es liegt dann flach, atmet kaum noch, fühlt sich schlaff an und die Muskeln zittern. Dann sofort ins Kühle bringen (15-18 °C), Wasser anbieten (Tropfen vom Finger lecken lassen), Beinchen mit Wasser benetzen, trocken-kühles Tuch auf den Körper legen.

Humpeln. Bei Hinken und Lahmen vom Tierarzt abklären lassen, ob Meerschweinchenlähme oder eine Verletzung an Wirbelsäule oder Becken vorliegt (z.B. nach einem Sturz). Es kommen auch Vitamin-C-Mangel, Gebärmutterentzündung, Eierstockerkrankungen oder Kalziummangel nach der Geburt (Eklampsie) als Ursache in Frage.

Knochenbrüche. Bei unnatürlich abgespreizten oder abstehenden Gliedmaßen und Schmerzempfindlichkeit (auch im Rippenbereich) könnte ein Knochenbruch vorliegen. Tierarzt aufsuchen.

Kokzidiose. Dies ist eine ansteckende Darmerkrankung, hervorgerufen durch Endoparasiten. Sie äußert sich durch Durchfall, Blutungen aus dem Darm, klumpigen, schleimigen, blutdurchsetzten Kot. Das Fell ist gesträubt, die Tiere machen einen Katzenbuckel, leiden unter Appetitlosigkeit und magern rasch ab. Sofort zum Tierarzt. Erkrankte Tiere separieren, auf Hygiene achten. Unterstützend die Vitamin-C-Versorgung sicherstellen.

Lippengrind. Er kann durch Verletzungen oder eine Unterversorgung an Fettsäuren hervorgerufen werden. Am besten läßt man eine Diagnose vom Tierarzt stellen und füttert vorsorglich geschälte Sonnenblume und Leinsamenschrot zu (Gewicht kontrollieren!). Ringelblumensalbe kann ebenfalls helfen.

Liebevolle Fürsorge

So wird Salbe auf Wunden aufgetragen.

Meerschweinchenlähme. Dies ist eine unter Meerschweinchen ansteckende Gehirn- und Rückenmarksentzündung, wahrscheinlich viraler Ursache. Sie äußert sich durch Lähmungserscheinungen (beginnend an den Hinterbeinen), Appetitlosigkeit und gesträubtes Fell und gehört sofort in tierärztliche Behandlung. Von den anderen Tieren separieren.

Ohrenprobleme. Wenn ein Meerschweinchen sich häufig am Ohr kratzt oder scheuert, untersucht man in gutem Licht, ob ein Fremdkörper darin steckt (Granne, Heustückchen) und entfernt diesen vorsichtig mit einer stumpfen Pinzette. Bei Geruch nach faulem Fleisch oder Käse sowie bei Rötungen und Verkrustungen sofort den Tierarzt aufsuchen.

Pilzbefall. Die Dermatomykose wird von Tier zu Tier oder über Futter, Wasserflasche und Einstreu übertragen und äußert sich durch kreisförmigen Haarausfall mit rotem Rand, schuppig-borkige Beläge und Juckreiz. Da die Erkrankung auch auf den Menschen übertragen werden kann, sofort zum Tierarzt! Pilzbefall wird begünstigt durch Feuch-

tigkeit, schlechte Ernährung, verpilzte Nahrungsmittel (Heu riecht nach Champignons) und ein schwaches Immunsystem der Tiere.

Schuppenbildung. Sie wird durch Stoffwechselstörungen, gestörten Haarwechsel oder zu trockene Raumluft hervorgerufen. Der Tierarzt sollte die Diagnose stellen.

Stumpfes Fell. Hier liegt eine ernährungsbedingte Mangelerscheinung vor, es fehlen Vitamine und Mineralstoffe. Ein biotinhaltiges Vitaminpräparat geben!

Trommelsucht, Blähsucht. Bei diesen Verdauungsstörungen ist der Leib aufgedunsen, häufig tritt Seitenlage und schnelle Atmung auf. Sofort zum Tierarzt! Ursache erforschen und abstellen.

Tumore. Jeglicher Verdacht auf Tumore (Verdickungen) sollte vom Tierarzt abgeklärt werden.

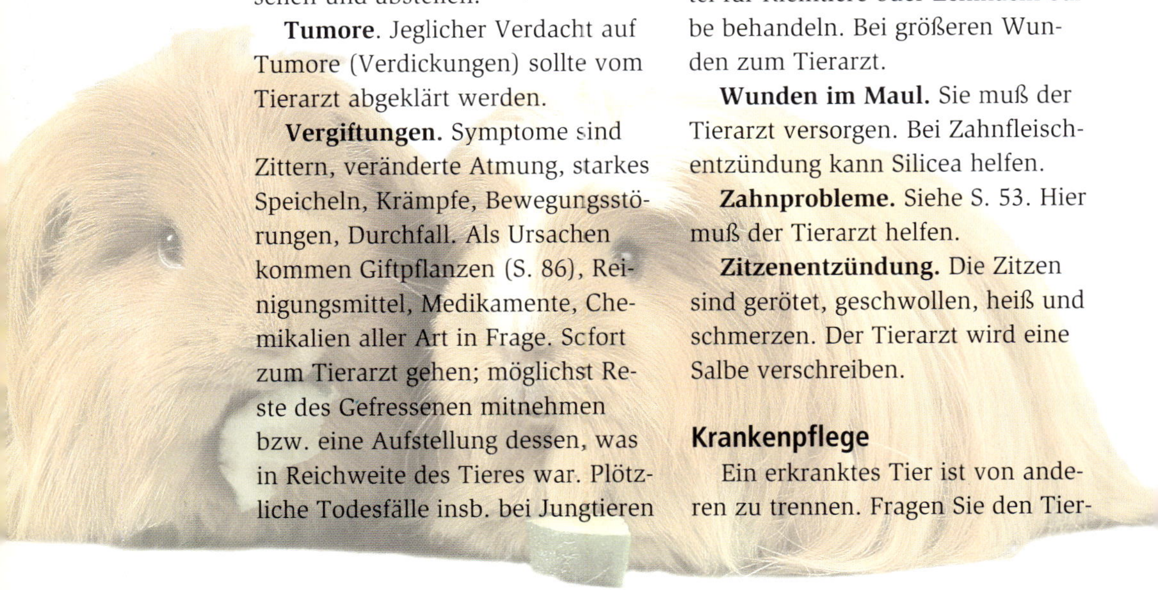

Vergiftungen. Symptome sind Zittern, veränderte Atmung, starkes Speicheln, Krämpfe, Bewegungsstörungen, Durchfall. Als Ursachen kommen Giftpflanzen (S. 86), Reinigungsmittel, Medikamente, Chemikalien aller Art in Frage. Sofort zum Tierarzt gehen; möglichst Reste des Gefressenen mitnehmen bzw. eine Aufstellung dessen, was in Reichweite des Tieres war. Plötzliche Todesfälle insb. bei Jungtieren könnten auf zu viel Kupfer im Leitungswasser zurückzuführen sein.

Verstopfung. Man prüft, ob die Perinealtaschen neben dem After womöglich verstopft sind, drückt sie vorsichtig aus und reinigt sie mit Babyöl. Vorübergehend Trockenfutter stark reduzieren, statt dessen Saftfutter wie geschälte Gurke, Melone, Sauerampfer, Löwenzahn, Wegerich, Echinacaea-Blüten geben. Vorsicht mit dem oft empfohlenen Paraffinöl, es kann zu Verdauungsproblemen führen. Nach zwei Tagen zum Tierarzt gehen, wenn keine Besserung eingetreten ist.

Wunden. Leichte Verletzungen und Bisse kann man mit blutstillender Watte, einem Desinfektionsmittel für Kleintiere oder Echinacin-Salbe behandeln. Bei größeren Wunden zum Tierarzt.

Wunden im Maul. Sie muß der Tierarzt versorgen. Bei Zahnfleischentzündung kann Silicea helfen.

Zahnprobleme. Siehe S. 53. Hier muß der Tierarzt helfen.

Zitzenentzündung. Die Zitzen sind gerötet, geschwollen, heiß und schmerzen. Der Tierarzt wird eine Salbe verschreiben.

Krankenpflege

Ein erkranktes Tier ist von anderen zu trennen. Fragen Sie den Tier-

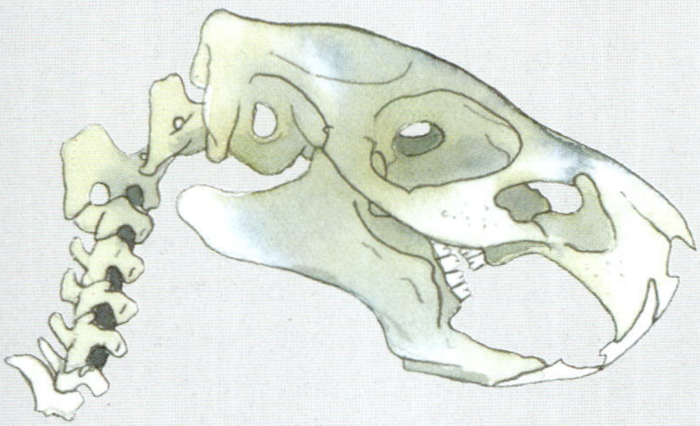
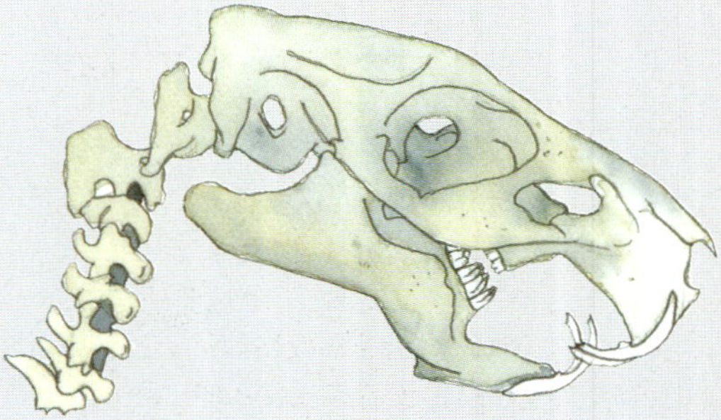

Die normale Zahnstellung eines Meerschweinchens

Diese Schneide- und Backenzähne sind zu lang.

arzt nach speziellen Hygienemaßnahmen. Damit die Behandlung erfolgreich ist, muß man sich genau an die Gebrauchs- und Dosierungsanweisung des Medikamentes halten. Lagern Sie die Medikamente dunkel, trocken, kühl und stets verschlossen sowie unerreichbar für Kinder und Tiere. Beachten Sie das Verfalldatum! Selbstverständlich darf eine angefangene Behandlung nicht auf eigene Faust unter- oder gar abgebrochen werden. Erst nach Rücksprache mit dem behandelnden Tierarzt darf man die Medikamentengabe einstellen.

Meerschweinchen sind geduldige und sanfte Patienten. Sie brauchen, wenn sie sich nicht wohlfühlen, unser ganzes Mitgefühl und viel Zuwendung. Die kleinen Rekonvaleszenten sollten bis zur völligen Wiederherstellung besonders viel Ruhe genießen, und man darf sie keinerlei Streß aussetzen. Auch Kinder verstehen das recht gut.

Impfungen. Sie sind nur bei Auslandsreisen ggf. gegen Tollwut nötig.

Wenn ein Schweinchen stirbt

Dann trauert der hinterbliebene Artgenosse oft recht deutlich – auch wenn wir uns noch so große Mühe mit noch mehr Streicheleinheiten geben.

Man sollte dem Tier wieder einen Partner gönnen. Am besten werden Jungtiere des gleichen Geschlechts unter 6 bis 10 Wochen akzeptiert (wenn nötig Böckchen kastrieren lassen). Auch ein junges Zwergkaninchen kann die Einsamkeit mindern.

Rundum fit!

Kastration

Sie kann nötig werden, wenn man mehrere Männchen zusammen pflegen will oder keinen Nachwuchs möchte. Das Böckchen sollte mindestens 3 Monate alt und bei bester Gesundheit sein. Obwohl gute Kleintierärzte die Kastration als Routine sehen, bleibt natürlich, wie bei jedem operativen Eingriff, ein Restrisiko durch die Narkose. Ansonsten bleibt der Eingriff ohne Folgen. Allerdings kann bei zuchterfahrenen Böckchen das „Wollen" noch bestehen bleiben. Die Befruchtungsfähigkeit ist erst ab der 6. Woche nach dem Eingriff für immer ausgeschaltet.

Weibchen werden in der Regel nur bei medizinischer Indikation (Gebärmutterprobleme) kastriert.

Kot fressen

Meerschweinchen fressen, wie Kaninchen, ihren Kot, weil beim ersten Verdauungsgang die Nahrung nicht vollständig aufgeschlüsselt wird und nicht alle wertvollen Bestandteile aufgenommen werden können. Im langen Blinddarm erfolgt eine Verdauung durch Bakterien. Die Ausscheidungen aus dem Blinddarm (Blinddarm- oder Vitaminkot) enthalten daher vorverdaute Nährstoffe und Bakterien. Es sind schwach geformte, hellere, feucht-glänzende Kügelchen, die vom Tier sofort vom After abgenommen und aufgegessen werden – meist nachts oder am frühen Morgen. Bei der zweiten Darmpassage wird dann der bereits aufgeschlossene Nahrungsbrei mit den darin enthaltenen Vitaminen (vor allem B) optimal genutzt sowie die Darmflora mit Bakterien aufgefrischt. Man darf Meerschweinchen auf keinen Fall daran hindern, ihren Blinddarmkot zu fressen (z. B. Haltung auf Gitterrosten)!

Zoonosen

Dies sind Erkrankungen, die vom Tier auf den Menschen und umgekehrt übertragen werden können (z. B. Hautpilze). Man sollte sie nicht unter-, aber auch nicht überschätzen. Die Gefahr, sich am Tier anzustecken, ist eher geringer als umgekehrt. Wichtig ist es jedoch,

bei Erkrankungen dem Arzt mitzuteilen, daß man ein Heimtier pflegt (siehe auch Tabelle S. 64).

Übergewicht

Zu dick sein, bedeutet auch beim Meerschweinchen ein erhöhtes Gesundheitsrisiko. Es kann auch Zuchtprobleme und Anfälligkeiten geben, die sonst nie auftreten würden. Starkes Übergewicht sieht und fühlt man.

Durch regelmäßiges Wiegen kann man rechtzeitig gegensteuern. Man verschafft den Tieren mehr Bewegung und verfährt nach folgendem Diätplan: Langsam das Kraftfutter (Fertigfutter) reduzieren und, wenn nötig (wenn das Tier nicht abnimmt), erst einmal ganz weglassen und gleichzeitig den Saftfutteranteil erhöhen. Immer für genügend erstklassiges Heu sorgen und ein Vitamin- und Mineralstoffpräparat reichen.

Bis zum Erreichen des optimalen Gewichtes auf alles verzichten, was fett macht (Leckereien). Anschließend wird eine kleinere Fertigfutterration als zuvor gegeben, eventuell die Futtermarke wechseln, wenn diese zu viele Fettmacher enthält.

Auf keinen Fall einen Fastentag einlegen, das würde zu Verdauungsstörungen führen. Dagegen den Körper des übergewichtigen Meerschweinchens möglichst oft mit einem noppenbesetzten Pflegehandschuh von vorne nach hinten abstreichen.

Fit bis ins Alter – dank gesunder Ernährung.

Das Schweinchen wird alt

Manchmal beginnt das Altern schon im 5. oder 6. Lebensjahr. Erstes Anzeichen ist ein geringeres Bewegungsbedürfnis. Der kleine Kerl wird ruhiger, Hindernissen weicht er aus, und den Ausguck erklimmt er kaum noch. Das Fell wird matter und dünner.

Nun läßt man das Meerschweinchen nur noch tun, was es von sich aus möchte. Der Ein- und Ausstieg ins Heim wird erleichtert und der Futter- und Wasserbehälter niedriger gehängt. Treten Kaubeschwerden auf, so wird der Tierarzt die Zähne richten. Wenn notwendig, auf püriertes, geschrotetes oder noch mehr Saftfutter umstellen. Das unverzichtbare Heu wird kleingeschnitten unter das Futter gemischt. Jetzt ist besonders die Vit-amin- und Mineralstoffversorgung wichtig. Auch Aufbaupräparate sind empfehlenswert.

Das alternde Meerschweinchen braucht jetzt besonders gute Pflege. Jeglicher Streß wird von ihm ferngehalten. Auch auf allzuviel Neues (z.B. weitere Heimtiere) sollte man verzichten und jeden Tag genießen, den man noch miteinander verbringen kann. Wenn es auch mit dem wilden Herumtollen nicht mehr so richtig klappt, so legt das Tier doch noch großen Wert auf unsere Gesellschaft und ausgiebige Streicheleinheiten. Darauf sollte man bis zur letzten Stunde nicht verzichten.

Alte Meerschweinchen entschlafen meistens ohne merkliche Leiden. Bei großen Schmerzen oder unheilbaren Leiden kann der Tierarzt diese verkürzen. Das ist man seinem geliebten Tierchen schuldig. Kindern sollte man ruhig sagen, daß zu einem erfüllten Leben auch ein Abschied gehört, aber das Tierchen keine Angst vor seinem natürlichen Ende kennt.

Gesund mit Naturheilverfahren

In einer Zeit, in der wir als Verbraucher ständig mit schädlichen Nebenwirkungen von Medikamenten konfrontiert werden, ist es verständlich, daß wir uns, auch bei der Therapie unserer Tiere, versuchen umzuorientieren und nach Behandlungsmöglichkeiten suchen, die den Organismus des Tieres nicht belasten, leicht anzuwenden und vor allem frei von schädlichen Nebenwirkungen sind. Naturheilverfahren wie Homöopathie und Bach-Blüten-Therapie bieten hier eine sinnvolle Ergänzung zur klassischen Schulmedizin und können diese bereichern. Wobei man sich im Klaren darüber sein muß, daß sie die Schulmedizin nicht ersetzen können.

Naturmedizin berücksichtigt im Gegensatz zur Schulmedizin den seelischen Aspekt einer jeden Krankheit, denn wie schon die alten Römer sagten, in jedem gesunden Körper wohnt ein gesunder Geist: „Mens sana in corporae sana".

Im folgenden soll ein kurzer Abriß über Homöopathie und Bach-Blüten-Therapie beim Meerschweinchen gegeben werden. Diese Einführung kann natürlich fundiertes Fachwissen und weiterführende Literatur nicht ersetzen (siehe Anhang).

Homöopathie

Die Homöopathie ist eine aktive Medizin, die die Heilkräfte des Organismus stärkt. Sie bewirkt, daß der Organismus mit Hilfe von Naturheilstoffen Krankheiten selbst überwinden kann. Sie ist deshalb so schwer faßbar, weil sie nicht durch hohe Dosen eines bestimmten Stoffes wirkt, sondern durch Verdünnungen den Körper anregt und unterstützt, sich selbst zu heilen.

Begründet wurde sie von Samuel Hahnemann im 19. Jahrhundert und hat sich in ihren Grundsätzen seither nicht verändert. Hahnemann stellte den Grundsatz auf, daß Gleiches mit Gleichem behandelt werden sollte. So ist z. B. bekannt, daß Schwefel zu Hautentzündungen

Homöopathische Darreichungsformen

Atropa belladonna – die Tollkirsche liefert ein Homöopathikum.

führt, in homöopathischen Dosen kann er jedoch Hautausschlag heilen. So gibt es für jedes homöopathische Mittel ein bestimmtes Arzneimittelbild, welches der Therapeut mit dem Krankheitsbild des Patienten vergleicht, um das richtige homöopathische Mittel zu finden.

Homöopathische Arzneimittel werden aus tierischen Bestandteilen, Pflanzen und Mineralien gewonnen. Die Ausgangssubstanz, die sogenannte Urtinktur, wird dann nach einem festgelegten Verfahren, der sogenannten Potenzierung, verdünnt und geschüttelt, z. B. in Zehner-Schritten. Eine Dezimalpotenz D1 enthält die Urtinktur im Verhältnis 1:10 zu dem Alkohol, mit dem sie verdünnt wurde, eine D2 im Verhältnis 1:100 usw. In der Tiermedizin werden hauptsächlich folgende Potenzen angewendet: D (1:10), C (1:100), LM (1:50.000). Vor allem C- und LM- Potenzen finden bei kleinen Heimtieren wie Meerschweinchen Anwendung.

Es fällt schwer, sich vorzustellen, daß ein Stoff, der 50.000fach verdünnt wurde, in einem Medikament überhaupt noch wirksam sein kann, weil von der Ursubstanz in dieser hohen Verdünnung nichts mehr chemisch nachzuweisen ist. Das Heilprinzip der Homöopathie beruht aber auf der Vorstellung, daß die immateriellen, wellenförmigen Strahlungskräfte der Ursubstanz in diesen hohen Verdünnungen wirksam sind. Die Homöopathie ist eine tierärztliche Kunst, die viel Erfahrung und fundierte Kenntnisse der Arzneimittelbilder erfordert. Sie bleibt in der Regel nur erfahrenen Therapeuten vorbehalten. Adressen von Tierärzten, die sich mit Homöopathie und Naturheilkunde auskennen, erfahren Sie von der Tierärztekammer des jeweiligen Bundeslandes oder vom Zentralverband der Ärzte für Naturheilverfahren (siehe Anhang).

Kleine homöopathische Hausapotheke

Homöopathikum	Wirkung und Anwendung
Arnika	Desinfizierend, adstringierend, entzündungshemmend: Bei Prellungen, Blutergüssen, Verstauchungen, Muskelschmerzen; Arnika LM 12
Belladonna	Entzündungshemmend, fiebersenkend: Bei Fieber und Entzündungen; Bronchitis und grippalen Infekten; Belladonna LM 6
Calcium carbonicum	Konstitutionsmittel für nervöse Tiere: Bei mangelndem Appetit, Rachitis, Wachstumsstörungen; Calcium carbonicum hannemani C 30
Hepar sulfuris	Entzündungshemmend, eiterhemmend: Bei allen eitrigen Entzündungen, grippalen Infekten, Entzündungen der Lymphknoten; Hepar sulfuris C 30
Ipecacuanha	Entzündungshemmend, krampflösend, schmerzstillend: Bei krampfartigen Schmerzen, bei Magen-Darm-Entzündungen, Bronchitis, Kreislaufschwäche; Ipecacuanha LM 12
Nux vomica	Wirkt gegen Blähungen, Brechreiz, Leberentzündungen, Verstopfungen, Magen-Darm-Entzündungen; Nux vomica C 3
Dosierung	Tropfen: 3x täglich 1–4 Tropfen Globuli: 3x täglich 2 Globuli Tabletten: 3x täglich 1/2 Tablette

Natürlich gesund…

Bach-Blüten-Therapie

Die Bach-Blüten-Therapie wurde von dem englischen Arzt Dr. Edward Bach (1886–1936) begründet. Im Grunde griff Bach uralte keltische Traditionen auf, Krankheiten mit Blütenessenzen zu behandeln. Das Wissen um die Heilkraft von Pflanzen ist in den Naturvölkern seit Jahrhunderten Tradition und wird meist mündlich überliefert. Im Wissen um den Zusammenhang zwischen seelischer Verfassung und Entstehung von Krankheiten, in der Schulmedizin als psychosomatische Medizin anerkannt, gestaltete Bach sein Therapiekonzept mit Blüten und Pflanzen.

1935 vollendete er sein Blütensystem, welches aus den wäßrigen Auszügen von 37 Blüten, Kräutern und Sträuchern sowie aus dem Wasser einer heilkräftigen Quelle besteht. Diese Pflanzenessenzen werden alphabetisch geordnet und von 1 bis 38 durchnumeriert, Nr. 39, Rescue Remedy – die Notfall-Tropfen – sind die Ausnahme, denn sie bestehen aus einer Mischung von 5 Blüten.

Die Pflanzen werden bei sonnigem Wetter gepflückt und in eine Schale mit Wasser verbracht, um, potenziert durch die Sonnenenergie, ihr Seelenpotential auf das Wasser zu übertragen. Bäume und Sträucher, die während der kalten Jahreszeit blühen, werden auf einem Holzfeuer gekocht und ihre wäßrige Essenz, wie bei der „Sonnenmethode" in Brandy konserviert und in Vorratsfläschchen abgefüllt.

Aus diesen Vorratsfläschchen (stock bottles), die in der Apotheke erhältlich sind, stellt man sich die jeweils benötigten Lösungen selbst her, denn die stock bottles sind Konzentrate und müssen verdünnt werden. Auf 10 ml eines Alkohol-Wasser-Gemisches (3 Teile Wasser, 1 Teil Brandy) kommen 2 Tropfen der jeweiligen Blütenessenz. Am besten mischt man sie in einer Tropfflasche. Ein Meerschweinchen erhält 4mal täglich 1–2 Tropfen der Verdünnungsessenz.

Die Notfall-Tropfen enthalten 5 Bach-Blüten: 1. Cherry Plum, 2. Clematis, 3. Impatiens, 4. Rock Rose, 5. Star of Bethlehem

PROFITIP von Dr. med. vet. Anne Warrlich

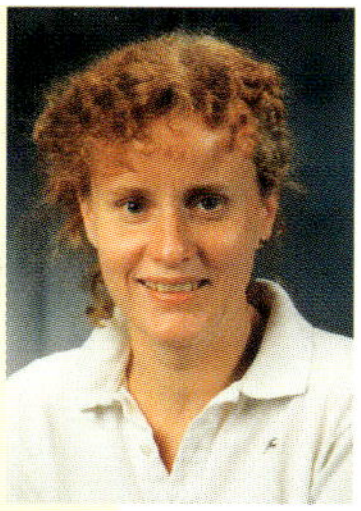

Probleme beim Einflößen?

Falls Sie Schwierigkeiten haben, Ihrem Meerschweinchen die Bach-Blüten-Tropfen einzuflößen, können Sie auch 1–2 Tropfen der Blütenmischung auf eine gut zugängliche Stelle auf der Haut einreiben.

38 Bach-Blüten mit wichtigen Schlüsselsymptomen

1. Agrimony	konfliktscheue Tiere, die sich leicht unterordnen	21. Mustard
2. Aspen	ängstliches Naturell	22. Oak
3. Beech	Ablehnung von Artgenossen und Menschen	23. Olive
4. Centaury	liebe, gutmütige, willensschwache Tiere	24. Pine
5. Cerato	unsichere Tiere ohne Selbstvertrauen	25. Red Chestnut
6. Cherry Plum	unterdrückte Ängste, unkontrollierte Reaktionen	26. Rock Rose
7. Chestnut Bud	Tiere sind wenig lernfähig	27. Rock Water
8. Chicory	aufdringliche, eifersüchtige Tiere	28. Scleranthus
9. Clematis	teilnahmslose, abwesend wirkende Tiere	29. Star of Bethlehem
10. Crab Apple	Tiere fühlen sich nicht wohl in ihrer Haut	30. Sweet Chestnut
11. Elm	Überforderung, Erschöpfungszustände	31. Vervain
12. Gentian	unsichere, mißtrauische Tiere	32. Vine
13. Gorse	kraftlose, müde Tiere, die sich aufgegeben haben	33. Walnut
14. Heather	übertrieben aufdringliche Tiere	34. Water Violet
15. Holly	Tiere reagieren unkontrolliert und aggressiv	35. White Chestnut
16. Honeysuckle	Tiere, die in neuen Situationen nicht zurechtkommen	36. Wild Oat
17. Hornbeam	antriebsschwache, müde Tiere	37. Wild Rose
18. Impatiens	ungeduldige, leicht gereizte Tiere	38. Willow
19. Larch	extrem unsichere, unterwürfige Tiere	
20. Mimulus	Tiere reagieren auf konkrete Situationen mit Angst	39. Rescue Remedy

für Meerschweinchen

Niedergeschlagenheit ohne erkennbaren Grund
erschöpfte Tiere, die sich ständig selbst fordern
totale Erschöpfungszustände
übertrieben unterwürfige, schuldbewußte Tiere
fürsorgliche Tiere, die alle bemuttern wollen
bei allen unspezifischen Paniksituationen
starres, inflexibles Verhalten
gleicht Stimmungsschwankungen aus
tröstet Tiere mit schlechten Erfahrungen
Tiere, die sich nach langem Leiden aufgeben
hyperaktive, willensstarke Tiere
tyrannische willensstarke, dominante Tiere
hilft, Veränderungen besser zu verarbeiten
Einzelgänger, die überlegen erscheinen
unkonzentrierte, angespannte Tiere
launische, unzufriedene Tiere
apathische Tiere
mißmutige Tiere, die leicht beleidigt sind
Notfall-Tropfen bestehen aus Nr. 6, 9, 18, 26, 29: in allen Notfallsituationen; z. B. Unfälle, Schock, Verletzungen, Trennung etc.

Rescue – die Notfall-Tropfen enthalten Cherry Plum (gegen starke innere Spannungen), Clematis (gegen die Tendenz zur Bewußtlosigkeit), Impatiens (gegen Streß), Rock Rose (gegen Panikgefühle) und Star of Bethlehem (gegen den seelischen Schock). Sie wirken unterstützend in allen akuten Notfallsituationen, z. B. Unfälle, Verletzungen, Schock, Transport zum Tierarzt, Trennungen, Kreislaufschwäche o. ä.

Die Rescue-Tropfen werden verdünnt, jeweils 1 Tropfen auf 1 ml stilles Wasser. Vorsichtig reibt man 2–3 Tropfen der verdünnten Substanz auf die Haut am Kopf oder im Nacken.

Der TTouch beim Meerschweinchen

Die Amerikanerin Linda Tellington-Jones hat einen neuen, verblüffenden und erfolgreichen Weg im Umgang mit Tieren begründet: Der Tellington TTouch ist ein System aus kreisenden Berührungen auf der Haut, die mit verschiedenen sanften Griffen in unterschiedlicher Intensität ausgeführt werden. Dazu kommen streichende Berührungen, insbesondere an den Ohren, die sogenannte Ohrenarbeit, und Sprechen mit beruhigender Stimme, wodurch unsere Atmung ruhig und gleichmäßig wird und wir eine tiefere Verbindung zu unserem Meerschweinchen aufbauen können.

Der TTouch aktiviert neue Nervenbahnen und Gehirnzellen. Alle Tiere profitieren davon in vielfältiger Weise: Ängste und Verspannungen werden abgebaut, es findet eine Umkonditionierung statt, eingefahrene Verhaltensmuster werden aufgebrochen, körperliche Beschwerden gelindert und körpereigene Kräfte aktiviert. Der TTouch hilft dabei ganz wunderbar. Er vertieft außerdem die körperliche und seelische Beziehung zwischen Mensch und Tier auf ganzheitliche Weise.

Auch bei Meerschweinchen kann der TTouch erfolgreich angewendet werden: zur allgemeinen Steigerung des Wohlbefindens, zur Intensivierung der Beziehung, unterstützend bei Unpäßlichkeiten oder emotionalen Belastungen und begleitend zu einer medizinischen Therapie.

Meine Erfahrungen haben gezeigt, daß die Meerschweinchen den TTouch genießen und ihn mit einem besonderen Quiekton geradezu einfordern.

Wann sind TTouches sinnvoll?

- Unterstützend beim Eingewöhnen und Zähmen eines Meerschweinchens,
- Vor dem Zusammenbringen mit anderen Tieren,
- Zur Beruhigung vor Tierarztbesuchen,
- Während der Behandlung beim Tierarzt,
- Um das Aufwachen aus der Narkose zu erleichtern,
- Nach Erkrankungen, Verletzungen und anderen traumatischen Erlebnissen (Stürze usw.),
- Zur Beruhigung vor Ausstellungen,
- Nach Hitzschlag, Schock und Schreck,
- Zur Linderung von Angstzuständen,
- Zur Förderung und Erhaltung der geistigen Schlauheit und körperlichen Beweglichkeit.

Und so wird´s gemacht: Mit den Fingerspitzen werden behutsam kleine kreisende Bewegungen überall auf dem Körper des Meerschweinchens gemacht. Dabei wird die Haut in einem winzigen 1 1/4 Kreis im Uhrzeigersinn herumgeschoben, jeder Kreis von 6:00 bis 9:00 auf einer imaginären Uhr. Die Kreise verteilt man über den Körper, die Ohren und die Beine des Meerschweinchens, an jeder Stelle jeweils nur ein Kreis. Zuvor wird das Tierchen sanft von vorn nach hinten abgestrichen.

Bei scheuen Tieren empfiehlt es sich, die TTouches zunächst mit zwei möglichst großen Federn – mit so viel Druck, daß es dem Lecken der Zunge des Meerschweinchens gleichkommt – zu beginnen, bis sich ein inniges Vertrauensverhältnis aufgebaut hat und die TTouches durch die Hand als angenehm empfunden werden.

Besonders in den im Kasten aufgeführten Situationen wurde der TTouch und insbesondere die Ohrenarbeit schon erfolgreich bei Meerschweinchen angewendet.

Ausführliche Informationen über die Anwendung und Wirkung des TTouches sind in dem Buch „Der neue Weg im Umgang mit Tieren“ von Linda Tellington-Jones enthalten. Sie vermittelt den TTouch (für Pferde, Hunde, Katzen) auch in Deutschland in Vorträgen und Seminaren (Adresse siehe hintere Umschlagklappe).

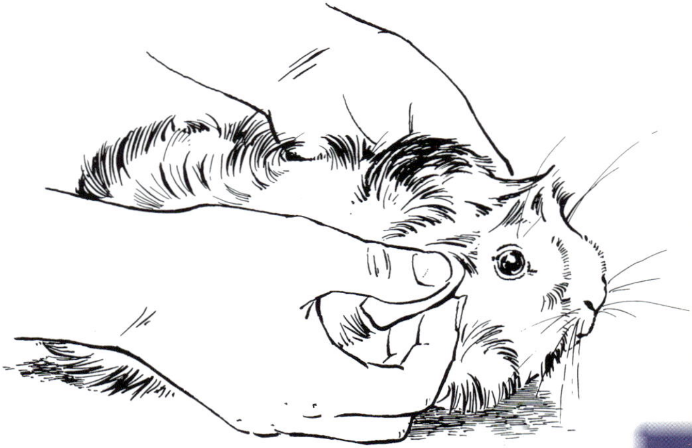

Ohrenarbeit wirkt beruhigend und kann die Heilung unterstützen.

ProfiTip
von TTouch-Expertin Linda Tellington-Jones

Jeder kann es lernen

„Ich rede mit den Tieren mit beruhigender Stimme und dehne die Worte wie „guuut". Das verlangsamt automatisch meine Atmung und Bewegung und macht mich sicher. Das Tier spürt das und spiegelt meine Sicherheit wider. Spannungen bauen sich ab."

Im Gegensatz zur Natur, wo Meerschweinchen im täglichen Kampf ums Überleben ständig auf Trab sind, erfahren sie bei uns immer dieselbe Umgebung, erhalten das gewohnte Futter an der gleichen Stelle und haben meist zuwenig Bewegung. Selbst bei guter Pflege ist das zwar bequem, macht jedoch fett, geht auf den Geist und ist stinklangweilig. Mehr Frust als Lebenslust macht sich breit. Das muß nicht sein!

Spiel & Spass

Was lernen Meerschweinchen?

Den größten Spaß kannst Du haben, wenn Du Deine knuffigen Freunde beobachtest und ihr Tun erforschst. Es ist z. B. spannend, wie sie sich untereinander oder mit Dir unterhalten. Schreib doch alles auf.
Lege die Hand auf den Boden und halte den Arm so, daß Dein Schweinchen mühelos auf den Schoß laufen kann. Auch einige Versuche macht es gerne mit, z. B. lernt es schnell, Leckerbissen aus einem farbigen Napf oder von einem farbigen Klötzchen zu holen. Nimm sonst gleiche Näpfe oder Klötzchen in rot, grün, blau und gelb. Wenn Du das Futter immer in den roten Napf legst, wird Dein Schweinchen immer auf den roten zulaufen – egal, an welcher Stelle er steht.
Hast Du mehrere Tiere, kannst Du Freßbares sichtbar vor sie legen (ca. 80 cm), sie für einen Moment festhalten und dann sehen, wer der schnellste ist oder dabei sogar die Zeit stoppen und die Geschwindigkeit ausrechnen. Hat ein Meerschweinchen Hunger, ist es auch bereit, das Futter hinter einem gefahrlos übersteigbaren Gegenstand zu suchen, wenn Du es riech- und sichtbar dort ablegst. Oder man versteckt Leckerbissen im Heim an täglich wechselnden Plätzen. Ungiftige Beeren oder Getreideähren können von oben herabbaumeln oder eine Nuß in einer halbierten Schale auf dem Schlafhaus liegen. Weitere Spielideen findest Du auf Seite 93.

Streicheln genießen sie überaus.

Mit ein bißchen Geduld wird das Meerschweinchen schnell zahm.

Abenteuerspielplätze

Wenn ein Meerschweinchen unterbeschäftigt ist und sich nicht ausleben kann, wird es stumpfsinnig. Eine abwechslungsreiche Umgebung und vielfältige Beschäftigungsreize machen die Tierchen schlauer, lebhafter, gesünder und anhänglicher und verlängern außerdem das Leben.

Selbst wenig Platz läßt sich mit einfachsten Mitteln preisgünstig in einen Abenteuerspielplatz verwandeln.

Als Vorbild dient die Natur: In den Laufbereich kommt eine möglichst große Schale, die mit trockenem Vogelsand zum Wälzen oder Buddeln 5–10 cm hoch gefüllt wird. Breite Wurzeln, unbehandelte Holzstücke, Korkeichen- und Tonröhren und Steine oder Ziegel sowie eine Unterkunft mit Schlupflöchern, Flachdach und Rampe vervollständigen den Tummelplatz. Alles dient als Durchschlupf, Ausguck oder leicht überwindbares Hindernis: Hier fühlt sich jedes Tier „sauwohl“.

Freilauf

Frei laufen, hopsen und dabei etwas erleben, das macht fit und froh. Wenn sich das Meerschweinchen gut eingewöhnt hat, sich streicheln läßt, Futter aus der Hand nimmt, also nicht mehr handscheu ist, dann sollte man ihm auch zusätzlichen Auslauf bieten. Denn die neugierigen Schweinchen müssen ihren angeborenen Bewegungsdrang regelmäßig ausleben können. Ohne Bewegung und Umgebungsreize verkümmern sie und werden fett, träge und krankheitsanfällig. Wohldosierter Freilauf drinnen und draußen, mit Anregungen wie Hindernislauf, Leckerbissen suchen, einen Ausguck benutzen oder durch Höhlungen kriechen, macht Spaß und hält gesund (siehe auch die Spielideen S. 93).

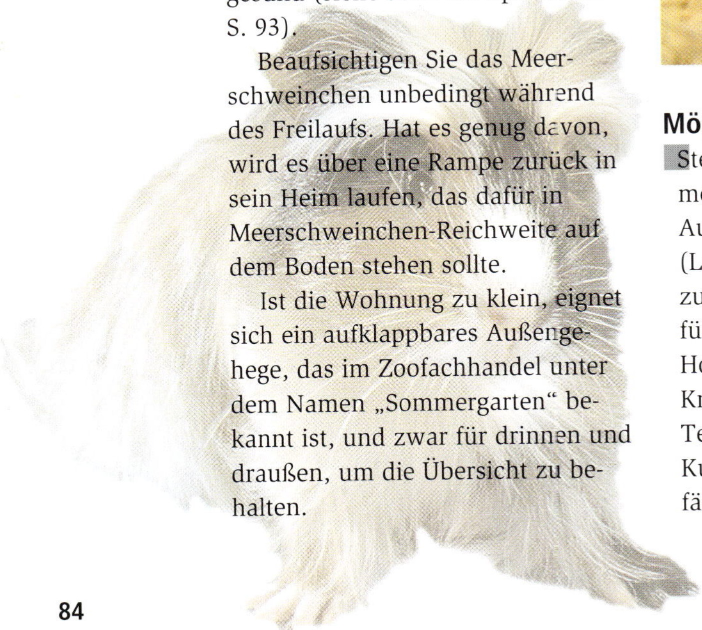

Beaufsichtigen Sie das Meerschweinchen unbedingt während des Freilaufs. Hat es genug davon, wird es über eine Rampe zurück in sein Heim laufen, das dafür in Meerschweinchen-Reichweite auf dem Boden stehen sollte.

Ist die Wohnung zu klein, eignet sich ein aufklappbares Außengehege, das im Zoofachhandel unter dem Namen „Sommergarten“ bekannt ist, und zwar für drinnen und draußen, um die Übersicht zu behalten.

Mögliche Gefahren ausräumen

Steinfußböden und Fliesen sind meistens zu kalt und rutschig. Auch Parkett oder Kunststoffboden (Laminat) ist rutschig. Das kann zu Zerrungen und Verrenkungen führen. In den Schlingen von Hochfloorteppichen bleiben die Krallen hängen. Zudem werden Teppiche gerne angeknabbert, bei Kunststoffmaterialien ist das gefährlich. Daher wird der Boden mit

Besondere Leckereien sind ein Anreiz, nach dem Freilauf wieder zu uns zu kommen.

Kokos- oder Reisstrohmatten abgedeckt. Sie können nach dem Freilauf wieder eingerollt werden.

- Alle Elektrokabel werden abgedeckt oder so hoch verlegt, daß sie auch beim Männchenmachen nicht erreicht werden.
- Achten Sie darauf, daß die Schweinchen nicht an Tapeten, Farben, Lacken oder Preßspanplatten knabbern.
- Verhindern Sie das Trinken aus Blumenvasen und Putzgefäßen. Haushaltsreiniger und Desinfektionsmittel sind besonders gefährlich.
- Meerschweinchen werden von dunklen Höhlungen geradezu magisch angezogen. Schließen Sie deshalb Schränke und Schubläden.
- Offene Türen (v. a. nach draußen) stellen immer eine Gefahr dar (Ausbüchsen, Einklemmen).

Achtung: Diese Pflanzen sind giftig!

Agapanthus (Schmucklilie)
Agave
Akazie, Falsche

Akelei
Aloe
Alpenveilchen
Amaryllis
Aronstab
Azalee
Bärlauch
Berglorbeer
Besenginster
Bilsenkraut
Bingelkraut
Blasenstrauch
Blauregen
Bogenhanf
Buchsbaum
Buschwindröschen
Christrose
Christusdorn
Chrysantheme
Clematis
Clivie
Datura
Dieffenbachie
Efeu
Efeutute
Eibe
Eisenhut
Engelstrompete (Datura)
Essigbaum
Farne
Feigenbaum
Feuerbohne
Fingerhut
Geranie
Glyzinie (Wisteria)
Goldregen
Gundermann
Hahnenfuß, Scharfer
Hakenlilie
Hartriegel
Heckenkirsche
Herbstzeitlose (siehe Foto)
Hortensie
Hundspetersilie
Hyazinthe
Ilex
Immergrün
Je-länger-je-lieber
Kalla
Kirschlorbeer
Krokus
Kronwicke, Bunte
Kroton
Lavendelheide
Lebensbaum
Liguster
Liliengewächse
Lupine
Madagaskar-Immergrün
Mahonie
Maiglöckchen
Märzenbecher
Mistel
Mittagsblume
Myrte
Nachtschatten, Bittersüßer
Narzisse
Oleander
Osterglocke
Passionsblume
Porzellanblume
Prachtlilie
Primel
Rebendolde
Rhizinus
Rhododendron
Rittersporn
Sadebaum
Sauerklee
Schneebeere
Schneeglöckchen
Schöterich, Bleicher
Schwedenklee
Seidelbast
Sommerflieder
Stechapfel
Tabak, Virginischer
Tulpe
Wacholder
Wandelröschen
Weihnachtsstern
Wolfsmilchgewächs
Wunderbaum
Wüstenrose
Zeder, Virginische
Zimmerkalla
Zwergholunder
Zwergmispel

- Achten Sie darauf, daß Sie nicht auf Ihre herumwuselnden Meerschweinchen treten.
- Stellen Sie Kerzen hoch. Die Tiere vertragen kein Wachs. Vorsicht auch vor heißen Stehlampenfüßen.
- Räumen Sie Kinderspielzeug weg. Es kann sehr unbekömmlich sein.
- Halten Sie Hund und Katze fern.

Ungeeignetes Grünfutter

Naturgemäß stürzen sich Meerschweinchen – neugierig und verfressen, wie sie nun einmal sind – auf jedes erreichbare Grün. Besonders, wenn es nicht alltäglich ist. In der Wohnung sind dies Topfpflanzen, Gestecke und Blumensträuße.

Leider gibt es darunter einige giftige Pflanzen, die zwar nicht alle tödlich wirken, aber im besten Fall zu Unpäßlichkeiten führen. Besonders gefählich können die in der Tabelle (S. 86) aufgeführten Pflanzen sein.

Leckerbissen verführen zum Klettern.

Die Gitteraufsätze geräumiger Heime können als kurzfristige „Sommerfrische“ dienen.

Hinterlassenschaften

Bewegung schafft Erleichterung, dies gilt auch für Meerschweinchen. Damit Urin und Böhnchen nicht zum Ärgernis werden, wird die Auslauffläche (siehe S. 85) abgedeckt.

Man läßt das Tier erst ins Zimmer, wenn es sich nach einer ausgiebigen Mahlzeit und Trinken etwas ausgeruht und dann im Heim gelöst hat. Oder man nutzt den natürlichen Sinn für Sauberkeit in der Höhle, indem man eine möglichst flache Schale mit etwas „gebrauchter“ Einstreu (auch mit Böhnchen) in eine dämmrige Ecke stellt. Auch ein Toilettenhäuschen wird gerne angenommen. Man beobachtet, wo sich der Kleine löst, und stellt die vorbereitete Schale dorthin. Wenn man das Schweinchen öfter hineinsetzt, lernt es diesen Ort zu benutzen.

Nach vollbrachter Tat kann man es mit einem Leckerbissen belohnen. Manche Tiere begreifen dann sehr schnell, besonders Jungtiere. Auch Weibchen ohne Männchen sind eher bereit, eine Schale zu benutzen. Schimpfen nützt übrigens nichts, man verschreckt die Tiere nur unnötig. Anzeichen für „dringende Geschäfte“ sind: der Kleine wird auf dem Arm unruhig oder

verharrt auffällig an einer Stelle oder dreht sich. Setzen Sie ihn dann schnell in seine Toilette.

Man kann beim Freilauf auch Nischen und dunkle Verstecke verschließen oder mit Küchenpapier auslegen (nicht mit Zeitung, schädlich!). Verlorene Böhnchen sind relativ trocken und lassen sich ebenso wie eine kleine Pfütze problemlos entfernen. Die benutzte Stelle wird dann mit warmem Wasser und Zitronensaft gereinigt. Verwenden Sie nie ammoniakhaltige Mittel, dies würde nur noch mehr stimulieren!

Fröhliches Balkonleben

Für einen stundenweisen Aufenthalt unter Aufsicht ist ein gesicherter Balkon geeignet. Einige Vorkehrungen sollten jedoch getroffen werden, bevor die Meerschweinchen dort Auslauf genießen.

Balkone sind oft zugig und heiß. Außerdem kann es schnell kühl und feucht werden (Wind und Schlagregen). Beton, Fliesen usw. strahlen zu viel Kälte ab und müssen deshalb gut isoliert und abgedeckt werden. Viele Balkone sind unter der Brüstung offen. Diese Schlitze muß man lückenlos verschließen. Gitterstäbe und andere Lücken kann man von oben bis unten mit engem Maschendraht versehen. Um Katzen und andere Beutegreifer fernzuhalten, kann man ein Netz anbringen oder das erwähnte Gatter benutzen.

Ein Garten auf der Fensterbank

- Man besorgt eine Saatgutmischung von unterschiedlich schnell keimenden Pflanzen, z. B. Grassamen, Klee, Luzerne oder Futteresparsette, Sauerampfer, Löwenzahn, Rucola, Kresse und auch verschiedenes Getreide, das mit Anzuchterde in Ton- und Keramikgefäßen (atmungsaktiv und chemisch einwandfrei) ganzjährig ausgesät werden kann.
- Man legt das Saatgut zunächst über Nacht in warmes Wasser und sät dann gleichmäßig und nicht zu dicht aus (ca. 2–3 Samen pro Quadratzentimeter Erdoberfläche).
- Anschließend wird es ca. 1 cm hoch mit Erde bedeckt und gut mit lauwarmem Wasser angegossen. Schon nach 3–4 Wochen kann man das sprießende Grün ernten, wenn die Saat hell und warm steht und immer gut angefeuchtet wird. Bitte auf Dünger verzichten!
- Alle 2–3 Wochen nachsäen.

Sommerfrische für Meerschweinchen

Der Aufenthalt in sommerfrischer Luft bei gutem Wetter, in Licht und Sonne (Schatten muß auch sein) wirkt wie ein Lebenselixier. Meerschweinchen tanken Gesundheit für die dunkle Jahreszeit und toben sich aus. Die sprießenden Kräuter und Mineralstoffe aus dem Boden lassen sie geradezu aufblühen.

Die Auslauffläche des Sommergeheges muß ungedüngt und frei von Pflanzenschutzmitteln sein. Das Gatter sollte nicht neben einem Ameisenhaufen stehen. Giftpflanzen dürfen nicht erreichbar sein. Vorsicht ist auch geboten, wenn in der Nachbarschaft zur chemischen Keule gegriffen wird, denn der Wind kennt keine Grenzen.

Der Boden soll absolut trocken sein, mindestens 18°C haben (nach den Eisheiligen) und möglichst vor Zugluft geschützt sein. Pralle Sonne ist gefährlich (Hitzschlag!). Ideal ist Streulicht: Ein Sonnenschirm oder eine Stellwand sorgen für Schatten; beachten Sie dabei den Sonnenlauf. Einer oder mehrere Unterstände vermitteln Sicherheit und schützen vor Regen.

Der Auslauf muß fest verankert und raubzeugsicher sein. Denn heimische Raubtiere und Katzen haben die Tierchen zum Fressen gern. Hunde können sie in Todesangst versetzen, wenn sie plötzlich am Gitter auftauchen. Auch flatternde Wäsche kann Panik verursachen. Wenn ein Kaninchen dabei ist, denken Sie daran, daß es sich auch unten

durchgraben kann und die Meerschweinchen dann folgen.

Um Infektionen zu verhindern, muß man den Kontakt zu Wildkaninchen und anderen Wildtieren und deren Kot verhindern.

Beim Selbstbau von Ausläufen ist zu bedenken, daß sich Meerschweinchen durch relativ schmale Gitter und Bodenunebenheiten zwängen und auch etwas graben können. Außerdem können sie 30–40 cm hoch hüpfen, wenn sie ihren „Rappel“ ausleben.

Bevor man die Meerschweinchen in die Sommerfrische schickt, gewöhnt man sie langsam an frisches Gras. In den Auslauf gehört zudem Fertigfutter, frisches Heu (an einen trockenen Platz) und Trinkwasser.

Lassen Sie Ihre Schweinchen im Garten niemals außerhalb des Geheges laufen. Wenn die Tiere erschrecken, können sie davonflitzen. Und ein Meerschweinchen kommt nicht wie ein Hund auf Ruf zurück.

Locken ist besser als fangen

Wenn das Meerschweinchen entwischt ist, stellt man das Heim mit Futter, geöffnet und quer zu einer Wand oder dem Zaun auf. Denn die Tiere laufen möglichst immer in Deckung an einer Wand lang. Sind sie zu mehreren, stellt man das Heim mit den Partnern ebenfalls an den Zaun. Man lockt das Tier mit einem Leckerli oder verwendet ein bekanntes Signal, z. B. klappert man mit der Futterpackung.

Tummelplatz mit Beschäftigungsfutter – so fühlen sich Meerschweinchen wohl!

Grünes verlockt zum Recken und Strecken.

Meerschweinchen lieben Flachdachhäuser als Ausguck.

Vorbeugend füttert man nicht vor dem Freilauf, erst im Heim gibt es eine Belohnung. Dann wird die Rückkehr nicht als unangenehm empfunden.

Dauerhaft draußen

Will man mehrere Tiere ständig im Freien pflegen, müssen einige Bedingungen erfüllt werden.

Je mehr Tiere es sind, desto größer muß der Platz sein. In einer Großvoliere (Zoofachhandel) brauchen sie eine große Unterkunft, die teilüberdacht, gut isoliert, trocken und zugfrei sowie raubzeugsicher ist und an der man hantieren kann, ohne die Tiere gleich in Panik zu versetzen. Bei Dunkelheit oder Störungen muß sich die Gruppe in ein frost- und hitzesicheres Schlafhaus zurückziehen können. In einen stets trockenen Teil werden feiner Sand und einige Tonröhren so eingebracht, daß die Tiere buddeln und die Röhren nutzen können. Einige Steine und Holzstücke als Ausguck vervollständigen die Einrichtung. In einer Schale wird stets frisches Grün herangezüchtet. Viel Heu und Stroh, unter dem sich die Tiere auch wärmen können, müssen immer zur Verfügung stehen. Ebenso mehrere Futterstellen und Wasserbehälter. Das Wasser darf nie einfrieren. Nur wenn die Tiere bereits im Frühsommer in das Außenrevier gesetzt werden, können sie sich langsam an das Klima gewöhnen und auch frostfrei überwintern. Ansonsten müssen sie vor dem ersten Frost ins Haus, obwohl sie kaltes Wetter eher überstehen können als Feuchtigkeit. Jungtiere und Mütter pflegt man besser drinnen.

11mal Spiel und Spaß mit Meerschweinchen

1 Signallernen. Verbinden Sie die Gabe von Leckerbissen immer mit dem gleichen Geräusch, z.B. einem Glöckchen. Schon bald wird das Meerschweinchen allein auf den Glöckchenton hin erwartungsvoll angelaufen kommen. Das kann auch sehr hilfreich sein, wenn das Meerschweinchen einmal ausgerissen sein sollte.

2 Feinschmecker. Bieten Sie gleich große Stücke von grünem, gelbem und rotem Paprika an. Kann das Meerschweinchen die Farben unterscheiden? Was frißt es zuerst? Ändern sich die Vorlieben des Meerschweinchens von Tag zu Tag?

3 Fitneß-Parcours. Machen Sie den Auslauf im Zimmer für Ihr Meerschweinchen zu einem Hindernislauf: mit stabil gelagerten großen Papprollen, Ton- oder Korkeichenröhren zum Durchkriechen, stabilen Rampen zum Klettern, Stuhlbeinen zum Slalomlaufen, Häuschen mit zwei Öffnungen zum Durchschlüpfen.

4 Gipfelstürmer. Geben Sie ein Häuschen mit flachem Dach ins geräumige Meerschweinchenheim. Dieser Ausguck wird von den Tieren gerne genutzt.

5 Holzfäller. Geben Sie Ihren Meerschweinchen Zweige von ungespritzten Obstbäumen. Sie werden mit Wonne kurz und klein genagt und bieten gesunde Beschäftigung.

6 Plauderstündchen. Gönnen Sie Ihrem Meerschweinchen einen Partner. Die Tiere sind am liebsten unter ihresgleichen. Sie kuscheln zusammen, pflegen sich gegenseitig das Fell und unterhalten sich mit gurrenden, glucksenden und zirpenden Tönen.

7 Klettermaxe. Befestigen Sie begehrte Leckerbissen oder Nagerhölzer so, daß Ihr Liebling sich recken und strecken muß, um sie zu erreichen. Das fördert die Gelenkigkeit und Behendigkeit.

8 Rätselraten. Stellen Sie mehrere gleiche Häuschen auf, in die Sie jeweils ein Stück Möhre legen. Setzen Sie das Meerschweinchen in die Mitte und wetten Sie in der Familie, welches Häuschen das Meerschweinchen wählt.

9 Schatzsucher. Verstecken Sie Futterstückchen in einem löchrigen Stein oder Hohlziegel. So kann Ihr Meerschweinchen auf Entdeckungsreise gehen.

10 Schmusestunden. Streicheln und kraulen Sie Ihr Meerschweinchen häufig und ausgiebig. Der Kleine wird es genießen und womöglich – zufrieden in Ihren Arm gekuschelt – selig einschlafen.

11 Badetag. Stellen Sie beim Freilauf im Zimmer eine flache Schale mit trockenem Vogelsand auf. Gut eignen sich große Blumenuntersetzer. Die Meerschweinchen werden darin mit Wonne ein Sandbad nehmen.

Auch die tägliche Fürsorge ist wichtig. Draußen gehaltene Tiere werden aber nie so zahm wie solche, die mit uns im Haus leben dürfen.

Bekommt man bei Frost doch berechtigte Angst um seine draußen lebenden Meerschweinchen, so sollten sie zunächst für 2–4 Tage in einem kühlen Raum (10–12°C) gesetzt werden, um sich langsam wieder an die Zimmertemperatur zu gewöhnen. Danach können sie wieder in die Wohnung.

Auch zu draußen lebenden Meerschweinchen sollte man immer intensiven Kontakt halten.

Meerschweinchen im Urlaub

Bei längerer Abwesenheit sollte man sich rechtzeitig um einen „Meerschweinchen-Sitter" kümmern. Der Sitter sollte das Tier möglichst schon kennen. Gibt man das oder die Tierchen außer Haus, kann es Probleme geben, wenn sich dort Kleinkinder und Hund oder Katze befinden oder man seine Gruppe aufteilen muß. Dann ist es besser, rechtzeitig beim Zoofachhändler anzufragen, ob zum gewünschten Termin Platz ist. Läßt es das Reiseziel zu (unbedingt Tierarzt oder ADAC nach den Einreisebestimmungen fragen), kann man das Tier mit seinem Heim mitnehmen. Vorausgesetzt, am Urlaubsort herrschen gewohnte Klimabedingungen und man darf ein Tier mitbringen. Für die Fahrt bietet sich eine Transportbox mit möglichst großen Lüftungsschlitzen, Gittertür und einem stabilen Griff an. Stellen Sie unterwegs sicher, daß weder extreme Temperaturschwankungen, Hitze (über 25°C), Zugluft oder Kälte dem Tier schaden. Vergessen Sie das gewohnte Futter und Heu nicht!

Kurzinfo für den Meerschweinchen-Sitter

Die tägliche Versorgung

- ◯ Reichlich Heu
- ◯ 2 Eßlöffel Fertigfutter pro Tier
- ◯ 1/4 Apfel pro Tier
- ◯ Ein Stück Möhre pro Tier
- ◯ Frisches Wasser
- ◯ Vitamin-C-Präparat

Pflege- und Gesundheits-Check

- ◯ Bitte orientieren Sie sich an der Pflege-Checkliste auf Seite 126.

Bei Fragen und Problemen

- ◯ Bitte wenden Sie sich an Zoofachhändler oder Tierarzt (S. 125).

Um Meerschweinchen artgerecht und glücklich zu halten, ist es wichtig, ihr Wesen und ihre Eigenheiten zu verstehen und zu respektieren. Denn Meerschweinchen sind nicht nur sanfte Schmusetiere. Sie zeigen, obwohl sie im Laufe von vielen Generationen zu Heimtieren wurden, dennoch Verhaltensweisen ihrer wilden Ahnen, die auch heute noch in den Savannen Südamerikas leben.

Verhalten verstehen

„Schweinisches" Verhalten

Meerschweinchen sind sehr interessante Wesen.

1

Einen Teil des Tages verbringen die Meerschweinchen mit gründlicher Fellpflege. Dabei sind sie, trotz ihrer rundlichen Gestalt und der kurzen Beinchen, überraschend gelenkig.

2

In der Gruppe entfaltet sich die „Gesprächigkeit" der Schweinchen: Sie verständigen sich teils lauthals und teils mit leisen Stimmfühlungslauten.

In der Flucht liegt ihr Heil

Unsere Hausmeerschweinchen zeigen viele Verhaltensweisen ihrer wilden Ahnen. Wildmeerschweinchen bleibt häufig nur die schnelle Flucht in ein sicheres Versteck, um im Daseinskampf zu überleben. Dazu sind sie bestens ausgestattet: Die kurzen, aber kräftigen Beine bringen sie schnell auf Hochtouren, ihr geschmeidiger Körper läßt sie nötigenfalls schnelle Wendungen machen. Wenn sie große Angst haben, ihr Versteck nicht mehr zu erreichen, können sie, wie ihre wilden Vettern, in eine Art Todesstarre fallen.

Wie ihre Ahnen laufen auch unsere Schweinchen gerne in Deckung (hohes Gras, Heu etc.) hintereinander her, was drollig aussieht, wenn einer Mutter ihre 3 – 5 Babys folgen.

3

Manche Meerschweinchen, besonders ranghohe Tiere, sitzen gerne auf einem erhöhten Ausguck.

4

Für etwas Freßbares versuchen sich Meerschweinchen sogar, auf Hinterbeinen und Po sitzend, aufzurichten.

Sage mir, wie du riechst…

…dann sage ich dir, ob ich dich kenne, ob du zu meiner Sippe gehörst und welches Geschlecht du hast. Auch brünftige Weibchen werden über ihren Geruch sofort wahrgenommen. Außerdem wissen die Meerschweinchen ihre Markierungen und die fremder Artgenossen richtig zu deuten. Mittels Duftdrü-

„Meerschweinchensprache" für Einsteiger

- Pfeifquieken: Für den Umgang mit dem Pfleger haben sie einen eigenen Laut, das etwas schrille Pfeifquieken, das hauptsächlich als Begrüßungs- und Bettellaut eingesetzt wird. Unter Artgenossen wird er nicht verwendet.
- Fast jeder Ton ist mit der dazugehörenden Körpersprache verqui(e)ckt. Auch ein Einzeltier kommuniziert mit uns mit Signalen, auf die wir auch reagieren sollten. Beim Streicheln läßt es z. B. ein zufriedenes Grunzen hören und brabbelt auch sonst manches vor sich hin.
- Doch das gesamte Kommunikationsspektrum erlebt man erst, wenn man mehrere Tiere oder noch besser eine ganze Sippe hält. Unter Artgenossen verständigen sie sich lauthals oder geben nur leise Stimmfühlungslaute von sich.
- Töne wie Quieken, Pfeifen, Glucksen, Gurren, Grunzen, Zwitschern und Zirpen dienen dem Erkennen und dem Gruppenleben. Verbunden ist alles mit individuellen „Zwischentönen", die in ihrer Bedeutung noch wenig erforscht sind.
- Zirpen klingt wie Vogelgezwitscher, wird in schneller rhythmischer Folge ausgestoßen, kann bis 20 Minuten dauern und wird nur in wenigen Situationen gezeigt. In Folge von Rangordnungsdifferenzen, bei der Brunft und bei heftigem Erschrecken. Wahrscheinlich dient es dem Streßabbau.
- Trächtige Weibchen scheinen sich sogar mit relativ leisen Stimmfühlungslauten mit ihren ungeborenen Jungen zu verständigen, die mit leisem Knirschen antworten.
- Stimmfühlungslaute spielen auch sonst eine große Rolle: Jungtiere rufen bei Einsamkeit mit einem kläglichen Fiepsen (Suchlaut) nach ihrer Mutter. Sie kommt dann und gluckst beruhigend.
- Am frühen Morgen und beim Kontaktliegen, aber auch während des Tages als Begrüßungslaut, ertönt ein gedämpftes Grunzen und Glucksen, das auch auf unserem Arm als Stimmung der Zufriedenheit und des Wohlbefindens gedeutet wird.
- Bei vermeintlicher Gefahr erklingt ein lauter, schriller Warnpfiff vom Wachhabenden (der übrigens alle 10–15 Minuten abgelöst wird.) Dieser Pfiff ist bei den wilden Vettern viel öfter zu hören.
- Nahrungsfunde werden sofort mit lautem Quieken gemeldet, und alles rennt zum erhofften Festmahl.
- Angst oder Schmerzen drücken die Tiere mit einem lauten, grellen, quietschenden Quieken im Stakkato aus. Es klingt fast wie ein Schrei.
- Bei der Werbung und Brunft sind brummende, knarrende und gurrende Töne zu vernehmen. Das Gurren kann Beschwichtigung, aber auch Unmut ausdrücken.
- Rasselndes, knurrendes Gurren, das mit unüberhörbarem Zähneklappern und -wetzen sowie Zittern verbunden ist, bedeutet eine Warnung und Drohung zugleich und geht sowohl Scheingefechten als auch ernsthaften Auseinandersetzungen voraus. Auch dem Menschen gegenüber kann es als letzte Warnung eingesetzt werden, wenn das Tier keinen Ausweg sieht.
- Sagt ein Meerschweinchen gar nichts mehr, dann fühlt es sich mit Sicherheit nicht wohl.

sen und über ihren Urin setzen sie „Marken“ ab und verteilen so artspezifische Duftstoffe (Pheromone) im Revier und bei der Paarung (S. 113). Das Markieren hat eine wichtige soziale Funktion. Je dominanter ein Tier ist, um so häufiger markiert es.

Auseinandersetzungen

Meerschweinchen sind defensive Tiere. Abgesehen von kleineren Rang- und Revierstreitigkeiten sind sie ausgesprochen friedlich. Sie beißen kaum. Ist es wider Erwarten doch einmal geschehen, so liegt meistens ein Fehler des Menschen vor. Werden die Tiere bedroht, gereizt oder können sie nicht mehr ausweichen, reagieren sie mit lautem Angstgeschrei (Gequieke), deutlichem Unmut und drohen mit Zähnezeigen und Klappern, das noch mit warnendem Grummeln und Zittern einhergeht. Wer diese Signale richtig deutet, der läuft nie Gefahr, von einem Verzweiflungsbiß betroffen zu werden.

Unter Artgenossen jedoch kann es durchaus zu Kommentkämpfen (Scheinkämpfen), aber auch ernsthaften Beißereien kommen, wenn es gilt, nach Eintritt der Geschlechtsreife einen Rivalen aus dem Feld zu schlagen, ein Revier zu verteidigen oder die Rangordnung festzulegen. Dem ernsthaften Biß geht aber immer eine Drohung voraus: Die Tiere stehen sich wie Boxer gegenüber, eine Vorderpfote angehoben, zeigen bei weit geöffnetem Maul die beachtlichen Zähne, mit denen geklappert und hörbar gewetzt wird. Dabei sträuben sie das Fell, knurren im Stakkato, stupsen

Trotz des pummelig wirkenden Körpers sind sie recht gelenkig.

Korkeichenröhren bieten Abwechslung.

mit dem Kopf, schubsen und stoßen mit dem Körper, stampfen auf den Boden oder treten mit den Hinterbeinen.

Lebensfrohe Traumtänzer

Meerschweinchen haben auch ein interessantes Schlafverhalten. Sie pflegen das sogenannte Rudelliegen, dicht aneinander gekuschelt. Außerdem sind sie Kurzphasenschläfer: Während des Tages machen sie öfters ein kleines, oft nur 3–5 Minuten dauerndes Nickerchen. Im Tiefschlaf liegen sie völlig entspannt auf der Seite und atmen ganz ruhig. Im Traum rucken und zucken sie mit dem Körper und den Pfötchen und fiepen manchmal.

Verhaltensprobleme lösen

Manche Meeschweinchen zeigen Eigenheiten und manchmal auch lästiges Verhalten. Meist ist dies erklärbar und läßt sich ändern.

- Gegenseitiges Fellabknabbern: Muttertiere knabbern z. B. das Fell der Babys und umgekehrt. Häufiger ist dies bei Langhaartieren zu beobachten. Die Ursache ist ein akuter Mineralstoffmangel. Man bietet ein gutes Präparat sowie einen Nagerstein an und füttert noch abwechslungsreicher, vor allem frische Wildpflanzen. Gegen Langeweile hilft viel Auslauf in einer entsprechenden Umgebung, frische Zweige zum Nagen und mehr Beschäftigung (ab Seite 82 ff.). Wenn nichts hilft, trägt man etwas Essig oder Wermuttinktur an den bevorzugten Stellen auf.
- Knabbern an den Gitterstäben: Dies kann mehrere Ursachen haben: Das Tier kann Hunger haben, es kann eine Protesthandlung sein. Es will heraus und laufen oder zu einem Artgenossen oder sucht nach Beschäftigung oder Zuwendung. Man muß die Ursache ergründen, um sie abstellen zu können. Wenn

nichts anderes hilft, verwendet man die Tinktur (s. o.).

- Unentwegtes Nagen an der Nippelflasche: Am besten füllt man das Trinkwasser in einen schweren, standsicheren Napf.
- Plötzliches festes Kneifen bis zum Biß: Das Tier ist noch fremd, es hat Angst, will seine Ruhe oder wird ungeschickt, mit zu festem Griff gehalten oder getragen, oder es wird bei der Körperpflege unmutig. Hin und wieder auch bei Tieren zu beobachten, die nicht auf den Menschen geprägt sind, oder weil sie sich gestört fühlen, wenn man bei ihnen etwas mit Gewalt erreichen will. Dann muß man, wie auf S. 36 beschrieben, vorgehen. Auch bei einer fremden Person oder wenn man einen irritierenden Geruch (Seife, Deo etc.) an sich hat, kann Panik auftreten. Vielleicht verspürt das Tier auch Schmerzen (immer an der gleichen Stelle?). Dies könnte sein, wenn es sonst immer friedlich war. Meerschweinchen sind außerdem

Aus Stroh geflochtene Kobel können zernagt werden.

an manchen Stellen kitzelig und reagieren mit Körperzucken und zeigen ihren Unmut mit Gurren oder Kopfstoßen, aber auch mit einem Biß, wenn ihnen keine andere Wahl mehr bleibt. Ebenso unmutig können sie werden, wenn man sie neckt (z. B. Futter wegziehen). Schlechte Erfahrungen merken sie sich gut und reagieren entsprechend.

Panik oder Streß: Meerschweinchen sind Gewohnheitstiere. Sie brauchen ihre Ordnung in vertrauter Umgebung. Wer das Heim dauernd umstellt, ihre Umgebung fortwährend verändert oder sie von wechselnden Bezugspersonen pflegen läßt, stürzt sie in Dauerstreß. Panik kann die gleichen Ursachen haben, z. B. schlechte Erlebnisse. Oder sie reagieren instinktgeleitet – v. a. wenn sie erschrecken.

Gerät ein Tier in Panik, wenn man die Tür des Heimes öffnet, dann lockt man mit Futter und öffnet die Tür ganz vorsichtig und nimmt das Tier erst dann heraus, wenn es keine Scheu mehr zeigt (S. 36 ff.).

Die beliebte Leib- und Magenspeise aller Meerschweinchen

Aufreiten, auch durch Weibc ist oft eine Dominanzgeste.

Anknabbern von Tapeten, Möbeln und ausgelegten Zeitungen: Dies ist schädlich und muß verhindert werden. Meistens handelt das Tier nur aus Langeweile. Das Knabbern kann man verhindern, wenn man die Tiere nicht unbeaufsichtigt läßt. Besonders schlaue Tiere verstehen es, wenn man sie bei etwas erwischt, das nicht

Beredte Körpersprache

Wittern. Zwei Tiere identifizieren sich stets am Geruch. Oft wittern sie in Richtung des anderen mit erhobenem Kopf und beschnuppern sich, näher gekommen, vom Kopf bis zum Hinterteil.

Aufmerksamkeit. Ein nach vorne gestreckter, hoch erhobener Kopf oder gar eine Kegelstellung (aufrecht stehend) bedeuten höchste Aufmerksamkeit und Wachsamkeit. Man ist ganz „Ohr", das dabei voll entfaltet und nach vorne gerichtet getragen wird.

Aufrichten. Um etwas Freßbares zu erreichen, versuchen sie auch, sich, auf Hinterbeinen und Po sitzend, aufzurichten.

Angst. Je kleiner das Tier sich macht und je mehr es die Ohren anlegt, desto gestreßter fühlt es sich. Vor Angst können die Tiere auf der Stelle erstarren, sich ganz klein und steif machen (Totstellreflex).

Kommentkampf. Hier stehen die Tiere sich buchstäblich auf Konfrontationskurs gegenüber. Jeder macht sich so groß wie möglich. Sie blähen sich auf, umkreisen sich mit durchgedrückten Beinen (Stelzgang).

Werbung. Ähnlich verhalten sie sich bei der Werbung um ein Weibchen (S. 113).

Anstupsen: Mit dem Kopf unter unsere Arme stupsen bedeutet, das Tier möchte sich bei uns anschmiegen.

wünscht ist, und sie sofort in ihr Heim zurücksetzt. Schreien oder schimpfen Sie nie. Das nützt nichts, sondern erschreckt die Tiere nur.

- Lecken am Finger und sanftes Knispeln erfolgt bei Schweinchen immer dann, wenn unsere Finger etwas salzig schmecken (z. B. von Schweiß).

Vergesellschaftung

An andere Tiere gewöhnen

Auch völlig unterschiedliche Tiere können Freunde werden oder die Anwesenheit des anderen wenigstens dulden.

Noch bevor sich die Tiere sehen, sollen sie sich bereits gut riechen können. Als Mittler dienen dabei unsere Hände: Mit der einen Hand streicht man über die Einstreu, dann dem Meerschweinchen über den Körper (Kinnpartie und Hinterteil!) und geht dann sofort zu Hund oder Katze im anderen Raum und

Wichtige Daten zur Zucht

- Geschlechtsreife: Weibchen 28–35 Tage, Böckchen 6–8 Wochen.
- Zuchtreife: siehe Seite 111.
- Paarung: immer das Böckchen zum Weibchen setzen (beim Zurücksetzen mit Nagerdeo einsprühen, das den Weibchenduft überlagert).
- Trächtigkeitsdauer: 65–68 Tage (+/– 2–3 Tage).
- Wurfstärke: meist 2–4; bei 1 oder über 6 evtl. Probleme.
- Geburtsgewicht: 50–120 g.
- Geschlechterverteilung: Es werden etwas mehr Männchen geboren.
- Trennen: am Ende der 4. Woche die Jungen von der Mutter und nach Geschlechtern trennen.
- Abgabe: mit 6 Wochen und mindestens 350 g (wegen der Prägung nicht früher!)

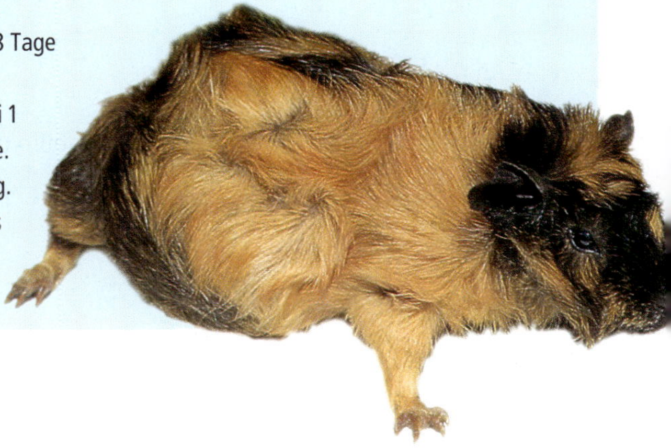

Meerschweinchen sind ausgesprochene Nestflüchter.

läßt sie so oft und so lange wie möglich daran schnuppern. Dabei wird mit der anderen Hand über das Fell gestrichen. Damit wird der Geruch des „Neuen" mit etwas Angenehmem verquickt. Die Hand mit dem Hunde- oder Katzenduft dann wiederum dem Meerschweinchen vorhalten. Darüber hinaus legt man Einstreu aus dem Nagerheim mit Haaren neben das Hunde- oder Katzenkörbchen. Erst dann kann man den nächsten Schritt wagen und sie zusammenbringen. Dabei bleibt das Schweinchen erst einmal in seinem Heim. Man spricht ruhig auf die Tiere ein und beobachtet, was geschieht. Streicheln Sie Hund oder Katze dabei! Beim Hund wird ein mögliches Verbellen unterbunden, ebenso, wenn die Katze ins Heim angeln will. Katze oder Hund kann man auch mit Spiel und Belohnung ablenken, bis der „Neue" langweilig und nicht mehr beachtet wird. Jede positive Handlung wird deutlich gelobt und belohnt.

So entstehen schnell positive Verknüpfungen. Erst wenn in den Käfig hinein keine Aggressionssignale

mehr vorhanden sind, kann der Kontakt ohne Gitter vertieft werden, bis sich das Meerschweinchen gefahrlos bewegen kann, ohne den Beutetrieb des anderen auszulösen.

Dazu nimmt man es auf den Schoß, ruft das andere Tier heran, streichelt beide und spricht beruhigende Worte. Grundsätzlich gilt: Immer präsent sein und die Tiere nie ohne Aufsicht eines Erwachsenen alleine lassen. Sie sollen sich zwar tolerieren, aber nie zu Spielkameraden werden, weil das Meerschweinchen immer unterlegen bleibt.

An Artgenossen gewöhnen

Spontan sollte man keine neuen Tiere hinzukaufen. Man muß mit starkem Territorialverhalten rechnen und sie erst mit dem Gruppenduft bekannt machen, um Reibereien möglichst zu verhindern.

Damit die „Neuen“ keine Krankheiten übertragen, pflegt man sie erst einmal 2–3 Wochen in einem anderen Raum und zeigt sie

sicherheitshalber dem Tierarzt. Danach stellt man die Heime so auf, daß die Tiere sich sehen, hören und riechen können.

Nach einigen Tagen stäubt man alle mit Trockenshampoo ein, oder man bestreicht sie mit frisch gewaschenen Händen mit einer neutralen Einstreu, so daß sie alle möglichst gleich riechen. Oder man streichelt sie auf dem Schoß Hinterteil an Hinterteil, um sie dann, am besten auf neutralen Gelände (beim Freilauf), zusammenzusetzen.

Währenddessen wird das zukünftige Heim gesäubert und mit neuer Einstreu versehen. Damit es keinen Futterneid gibt, wird eine zweite Futter- und Wasserstelle gegenüber angebracht und ein zweites Schlafhaus angeboten.

Kommt es dennoch zu Kabbeleien, kann man ein großes Heim auch mit Hasendraht unterteilen.

Nachwuchs bei Meerschweinchen

Eine glückliche Familie

Meerschweinchen sind sehr fruchtbar. Weibchen könnten ca. 20 Junge im Jahr gebären. Manchmal wird man ganz unfreiwillig zum Züchter, wenn man ein Tier erwirbt, das bereits gedeckt war. Die gezielte Zucht kann durchaus interessant sein; sie erfordert für ein gutes Gelingen jedoch Verantwortung, Erfahrung und spezielle Kenntnisse (über die Vererbung), viel Zeit und Geld (Tierarzt, Spezialfutter, ein zusätzliches großes Nagerheim usw.). Von Spontanzuchten (z. B. von Kindern) ist überhaupt nichts zu halten.

Bevor man züchtet, sollte man bei einem erfahrenen Züchter Rat

Eine gute Kinderstube

Meerschweinchen sind ausgesprochene Nestflüchter, die sofort ihre Umgebung erkunden.

1

Auch während die jungen Schweinchen noch gesäugt werden, probieren sie schon von allem, was die Mutter frißt.

2

Rudelliegen mögen alle Meerschweinchen: Am liebsten halten sie ganz engen Körperkontakt.

einholen und verschiedene Fragen vorher klären:

- Für Kids: Sind die Eltern damit einverstanden?
- Wohin mit den Jungen? Man muß einen guten Platz für sie suchen.
- Stehen genügend große Nagerheime (120 x 50 x 50 cm) zur Verfügung?
- Der Wurf darf nicht in eine Abwesenheitsphase (Urlaub etc.) fallen.
- Wissen Sie, was zu tun ist, wenn Komplikationen auftreten?

Wichtige Voraussetzungen

Die Elterntiere (auch Großeltern) müssen wohlproportioniert, ge-

3

Auch die Jungtiere haben bereits die charakteristische rundliche Körperform der erwachsenen Meerschweinchen.

4

Die Mutter bietet den jungen Meerschweinchen Schutz und Geborgenheit. Ab eunem Alter von 6 Wochen können die Kleinen an den neuen Besitzer abgegeben werden.

sund, ohne Mißbildungen und von liebenswertem Wesen sein sowie über optimale Instinkte und bestens ausgeprägte Sinne verfügen.

Rassetiere sollen typvoll (Standard S. 116) und von guter Kondition sein (wie für Ausstellungen, S. 13). Eine gute Hilfe ist die Ahnentafel oder das Zuchtbuch. Zufällige Verpaarungen zeitigen oft ein wildes Durcheinander im Aussehen.

Die Männchen sollen etwa 800 bis 1200 g wiegen und über 6 Monate alt sein. Nach dem 4. Lebensjahr sollte man sie nicht mehr zur Zucht einsetzen, obwohl sie bis ins hohe Alter zeugungsfähig sind!

Die Weibchen sollen vital,

Wie zieht man Flaschenkinder auf?

Wenn die Meerschweinchenmutter sterben sollte, können die Babys trotzdem überleben. Je länger sie zu-

vor bereits von der Mutter gesäugt wurden, desto besser. Ist kein anderes säugendes Meerschweinchen da, das als Amme eingesetzt werden könnte, besorgst Du im Zoofachhandel eine Spezialflasche mit Skala, einen zitzenähnlichen Schnuller und Muttermilchersatz (für Katzenwelpen), den Du laut Gebrauchsanweisung zubereitest. Die ersten 4 Tage mußt Du die Kleinen alle 60 Minuten, dann bis zum 20. Tag 5–6mal füttern: Um 6:00 Uhr morgens die erste und um 23:00 Uhr die letzte Mahlzeit. Dabei hältst Du das Kleine aufrecht in ganz leichter Rückenlage in Deiner Hand. Ist es satt, massierst Du mit dem Finger das Bäuchlein sehr sanft in Richtung After und entfernst die Ausscheidungen des Kleinen sofort. Zusätzlich gibst Du Babyfutter, kleingeschnittenes Heu und kleinste Mengen Grünfutter. Während dieser Zeit wird das Baby gut warmgehalten (23–25°C), viel gestreichelt und, wenn möglich, auch zu seinen Artgenossen gesetzt, damit es nicht nur von menschlichen Geräuschen, Gerüchen und Streicheleinheiten geprägt wird, sondern von anderen Schweinchen lernt, wie und was man z. B. alles essen kann.

schlank, bei der Erstzucht mindestens 6, höchstens 8 Monate alt sein und 700 bis 1000 g wiegen. Werden sie früher gedeckt, kommt es zu Wachstumsstörungen und Krankheitsanfälligkeit. Auch mit Komplikationen (Totgeburten) ist zu rechnen. Lassen Sie nicht öfter als 1 bis 2mal pro Jahr decken, der Wurfabstand beträgt je nach Konstitution 5 bis 6 Monate. Mit 4 bis 5 Jahren sollte man nicht mehr züchten.

Züchten Sie in der warmen Jahreszeit (nicht zwischen Oktober und März!). Dann gibt es besseres Futter und Wetter.

Werbung und Paarung

Weibchen werden alle 14 bis 18 Tage für ca. 15 bis 30 Stunden brünftig (aufnahmefähig). Dies riechen die Männchen sofort. Sie werben imponierend, stelzen auf durchgedrückten Beinchen und sich wiegend mit Gurren, Brummen und Tuckern um die Angebetete herum und suchen Körperkontakt. Ist sie noch nicht bereit oder er ihr nicht genehm, setzt es eine Abreibung, verbunden mit einigen gegenseitigen Urinspritzern. Ist sie aufnahmewillig, wird sie ebenfalls mit Urin bespritzt und duckt sich.

Der Deckakt dauert nur Sekunden, wird aber über einige Stunden mehrmals wiederholt. Dann ist Körperpflege und gemeinsame Ruhe angesagt. Am besten notieren Sie den Tag, um den Geburtstermin nicht zu verpassen.

In guter Hoffnung

Das Weibchen kann in seiner gewohnten Umgebung bleiben. Sind mehrere Tiere trächtig, kann es instinktgeleitete Auseinandersetzungen geben. Dann muß man sie getrennt, aber nebeneinander unterbringen. Auch Auslauf kann das Weibchen weiter haben. Es darf beim Einfangen aber nicht gehetzt werden. Vermeiden Sie jeglichen Streß! Tragen Sie es nur wenn nötig und dann sehr vorsichtig. Stützen Sie dabei das Hinterteil mit einer Hand ab.

Das Tier wird normal weitergefüttert (nicht zuviel Kraftfutter), erhält aber zusätzliche Vitamine und Mineralstoffe (Vitakalk). Erst die letzten 3 Wochen wird es energie-

Was das Jungtier kennenlernt, ist entscheidend für das weitere Leben.

reicher gefüttert (mehr Kraftfutter). Man behält dies bis zum Absetzen der Jungen bei, um ein Energiedefizit zu vermeiden.

Die ersten 4 Wochen ist der werdenden Mutter kaum etwas anzusehen. Dann nimmt der Bauchumfang und das Gewicht bis zum 50. bis 52. Tag rapide zu, und die Babys sind sicht- und fühlbar. Wer gut hinhört, kann die Jungen sogar im Mutterleib kollern hören. Von jetzt an nimmt das Weibchen nur noch wenig zu. Ab dem 60. Tag kann es sogar geringfügig abnehmen, weil nun weniger Nahrung in den dicken Bauch paßt.

Die Geburt

Kurz vor dem Geburtstermin wird das Heim nochmals gesäubert und eine Extraschicht Einstreu gegeben. Wenn die Zitzen und das Gesäuge größer geworden sind und die Mutter, sich um die eigene Achse drehend, eine Mulde anlegt, unruhiger wird, mehr hin und her läuft, steht die Geburt bevor. Das Böckchen wird nun entfernt (auf Sichtkontakt weiterpflegen), weil die Mutter wenige Stunden nach der Geburt wieder paarungsbereit ist.

Jetzt wird auch öfter Blinddarmkot aufgenommen. Der pralle Bauch verlagert sich nun endgültig nach hinten, die Vulva schwillt an und die Wehen setzen ein. Jetzt heißt es, alle Störungen vermeiden. Die Geburt findet häufig unbemerkt (während der Dämmerung) innerhalb einer Stunde statt. Dauern die Wehen ohne sichtbares Ergebnis mehr als 1 1/2 bis 2 Stunden, müssen Sie unbedingt den Tierarzt verständigen! Die Babys werden nach und nach im Sitzen geboren, die Fruchthülle wird sofort aufgebissen und das Neugeborene sauber und trocken geleckt. Die Fruchthülle und Nachgeburt wird aufgefressen. Dies löst den Milcheinschuß aus.

Der Nachwuchs ist da

Die Babys kommen als Nestflüchter mit vollem Fell (bei Langhaarigen zuerst noch kurz), bestens hörend und riechend und mit offenen Augen (bereits 2 Wochen vor der Geburt geöffnet) und vollständigem Gebiß zur Welt (die Milchzähne brechen zwischen dem 43. und 48. Tag der Trächtigkeit schon im Mutterleib durch und werden bis zum 55. Tag wieder resorbiert).

Obwohl nur 2 Zitzen vorhanden sind, wird kaum darum gestritten. Schon nach wenigen Stunden kosten die Jungen, was die Mutter frißt – auch den Blinddarmkot, der Immunstoffe, Vitamine (B, K) so-

wie aktive Darmbakterien enthält, bis die Kleinen eigenen bilden können.

Während einer Dauer von 3 bis 4 Wochen werden die Jungen gesäugt. Gleichzeitig erhöht sich der Anteil fester Nahrung. Von der Mutter lernen sie, was ihnen bekommt. Je abwechslungsreicher und unterschiedlicher das Futter ist, desto weniger wird es nach der Abgabe Probleme geben. Nun werden die Meerschweinchen auch von ihren Artgenossen geprägt, und der intensive und vielfältige menschliche Kontakt sorgt dafür, daß sie später nicht ängstlich oder schwierig zu füttern sind.

Bereits nach 2 Wochen hat sich das Geburtsgewicht in etwa verdoppelt und nach 4 Wochen verdreifacht. Überwachen Sie mit einer Waage unbedingt die Gewichtszunahme!

Wer züchtet, sollte die Elterntiere gezielt auswählen.

Vollstandard

Glatthaar

Agoutis

Die Haare zeigen den charakteristischen Farbaufbau der Wildformen. Es gibt drei verschieden aufgebaute Haartypen: 1. Unterfarbe – Deckfarbe – Unterfarbe. 2. Unterfarbe – Deckfarbe. 3. Unterfarbe. Durch die gleichmäßige Verteilung dieser drei Haartypen entsteht das „Ticking". Es ist darauf zu achten, daß das Ticking am Kopf, rund um die Augen, an der Brust und an den Füßen ebenso regelmäßig sein soll wie am ganzen Körper. Lediglich der Bauchstreifen entsteht durch die alleinige Anwesenheit von Haaren der Kategorie 2. Der Bauchstreifen soll scharf abgegrenzt und so schmal wie möglich sein.
Farben: Goldagouti (warmes Kastanien-Rot mit schwarzem Ticking), Grauagouti (Buff-artiger Gelbton mit schwarzem T.), Silberagouti (Silbergrau mit schwarzem T.), Orangeagouti (Orange-Rot mit dunkel-schokofarbenem T.), Cremeagouti (cremefarbig mit schokofarbenem T.), Cinnamonagouti (Silberweiß mit zimtfarbenem T.), Salmagouti (Lachsfarbig, Hell-Orange mit lilacfarbenem T.).
Vorläufig anerkannt: **Argente**. Es sind Tiere, die eine Unterfarbe und eine Deckfarbe aufweisen. Es sind also stets „zweifarbige" Tiere. Im Unterschied zum Agouti zeigen sie nicht das typische „Ticking", sondern ein „Tipping", d. h., nur die Haarspitzen und der Bauchstreifen lassen die Deckfarbe sehen. Das einzelne Haar ist also nicht mehrfach gebändert wie beim Agouti. Farben: Lilac/Gold-Argente, Lilac/Safran-Argente, Lilac/Weiß-Argente, Beige/Gold-Argente, Beige/Safran-Argente, Beige/Weiß-Argente.
Vorläufig anerkannt: **Solid Agoutis**. Sie haben im Gegensatz zum „gewöhnlichen" Agouti keinen Bauchstreifen, der sich sichtlich vom restlichen Körper absetzt. Das Ticking zieht sich gleichmäßig über das ganze Tier, lediglich an den Beinen wird weniger Ticking toleriert. Eine weitere Besonderheit ist, daß Solid Agoutis mehr oder weniger einfarbig geboren werden und das Ticking sich erst später entwickelt. Der Gesamteindruck des Solid Agoutis ist immer dunkler als bei dem vergleichbaren „gewöhnlichen" Agouti. Farben: Solid Goldagouti, Solid Silberagouti.

Einfarbige

Bei den einfarbigen Meerschweinchen ist darauf zu achten, daß die Unterfarbe der Deckfarbe so weit wie möglich gleicht, lediglich eine geringe Aufhellung wird in Kauf genommen. Am Bauch darf die Farbe etwas blasser sein. Das ganze Tier soll so gleichmäßig wie möglich gefärbt sein, ohne Flecken und Schattierungen sowie andersfarbige Haare.
Farben: Schwarz/Braun-Reihe: Schwarz (intensiv, glänzend), Slate Blue (mittleres Taubengrau mit bläulichem Schein, auf keinen Fall mit Rosa-Schleier wie beim Lilac), Lilac (mittleres Taubengrau mit Rosa-Schleier), Schokolade (so dunkelbraun wie möglich, wie Bitterschokolade), Beige (helles Braun, wie Milchkaffee, mit Grauschleier). Rot/Gelb-Reihe: Rot (warmes Kastanien-Rot ohne Schwarzschleier), Gold (warmes, intensives Gold-Orange), Safran (intensiver Gold-Gelb-Ton), Buff (kräftiges, dunkles Ocker-Gelb ohne Rotstich), Creme (mit ganz hellem Dünensand zu vergleichen), Weiß (strahlend reines Weiß). Vorläufig anerkannt: Gold mit dunklen Augen.

Zeichnungen

Alle Zeichnungstiere zeigen von Geburt an die endgültige Farbverteilung, mit Ausnahme der Himalayas, die reinweiß geboren werden und erst später die Dunkelfärbung der Körperenden entwickeln.

Brindle: Gleichmäßiges Gemisch von Schwarz und Rot.

Schildpatt: Gleichmäßige Verteilung von scharf begrenzten, möglichst gleichgroßen Farbfeldern in Schwarz und Rot. Von der Nase bis zur Hinterhand stehen sich an einer (über Rücken und Bauch) gedachten Linie immer zwei andersfarbige Felder gegenüber.

Schildpatt mit Weiß und **Schokolade-Rot-Weiß**: Farbverteilung wie bei Schildpatt. Jede Seite zeigt alle 3 Farben.

Holländer: Die Holländerzeichnung setzt sich zusammen aus den Kopfplatten, der Bandzeichnung und den Manschetten. Die Kopfplatten sollen an beiden Seiten oval Auge und Ohr umfassen. Die Bandzeichnung beginnt möglichst in der Körpermitte; die Trennlinie zwischen den beiden Farben soll in einer geraden Linie rund um den Körper laufen und scharf abgegrenzt sein. Manschetten nennt man die Weißzeichnung der Hinterfüße. Farben: Gold- und Silberagouti, Schwarz, Schokolade, Rot. Vorläufig anerkannte Farben: Lilac, Creme.

Himalaya (Russe): Die Zeichnung setzt sich zusammen aus der Maske, den gefärbten Ohren und den ebenfalls gefärbten Beinen. Die Maske soll auf Höhe der Augen beginnen und die Nase und möglichst auch das Kinn umfassen, ohne die Augenwinkel zu berühren. Die Beine sollen so hoch wie möglich gefärbt sein und, wie die Maske, frei von weißem oder andersfarbigem Haar. Farben: Schwarz (Abzeichen dunkelbraun bis schwarz), Schokolade (Abzeichen hellbraun) bei reinweißem Körper.

Dalmatiner: Ein farbiges Tier mit einem genetischen „Tipp-ex". Der Körper ist reinweiß, der Kopf farbig mit einer weißen Blesse, und die Beine sind ebenfalls farbig. Der Kopf einschließlich der Ohren soll möglichst ohne Schimmel farbig sein. Die Blesse soll einen harmonischen, möglichst symmetrischen Eindruck abgeben. Die Fleckenzeichnung wird klar und deutlich gewünscht, gut auf dem ganzen Körper verteilt und nicht zu zusammenhängend. Alle 4 Beine sollen möglichst ohne Schimmel farbig sein. Farben: Schwarz. Vorläufig anerkannte Farben: Gold-, Grau- und Silberagouti, Schokolade.

Schimmel: Ebenfalls ein farbiges Tier mit einem genetischen „Tipp-ex". Der Kopf und die Beine sind farbig. Der Kopf zeigt keine Blesse. Der Körper zeigt ein möglichst gleichmäßiges Gemisch von farbigen und weißen Haaren. Farben: Schwarz, Rot. Vorläufig anerkannte Farben: Mixed Schimmel (Brindle- oder Schildpatt-Schimmel).

Achtung: Aus züchterischen und tierschutzrechtlichen Gründen darf man nicht verpaaren: Dalmatiner mit Dalmatiner, Schimmel mit Schimmel, Dalmatiner mit Schimmel.

Vorläufig anerkannt: **Japaner**. Eine Kopfhälfte ist rot, die andere schwarz. Auf die rote Kopfhälfte folgt eine schwarze Brust mit einem roten Vorderbein, dann setzt sich am Körper die schwarze und rote Bandzeichnung fort. Die andere Körperseite zeigt die gleiche Zeichnung in gegengesetzten Farben. Farben: Schwarz-Rot.

Satin

Durch den Satinfaktor ist der Haarschaft hohl und jedes einzelne Haar dünner. So reflektiert es auf völlig andere Weise das Licht, die Farben erscheinen dunkler und intensiver, ein brillanter Glanz erscheint. Da die einzelnen Haare sehr dünn, fein und seidig sind, muß unbedingt darauf geachtet werden, daß die Haare so dicht eingepflanzt sind, daß trotzdem ein voller, dichter Pelz mit gleichmäßigem Satinglanz entsteht.
Farben: alle bisher genannten anerkannten Farben und Zeichnungen. Vorläufig anerkannt sind: Alle Cresteds, Rosetten, Rexe, Teddies, Peruaner, Shelties, Coronets, Texel, Alpacas und Merinos des Standards.

Crested

Sie zeichnen sich durch eine Stirnrosette (Krone) aus. Sie muß sich im Zentrum eines gedachten Vierecks zwischen den Ohren und Augen befinden. Sie muß so rund und groß wie möglich sein und einen stecknadelkopfgroßen Mittelpunkt haben.
Englisch Crested: Die Kronenfarbe entspricht der Körperfarbe. Anerkannt in allen Farben der Agoutis, Einfarbigen und folgenden Zeichnungen: Brindle, Schildpatt, Schildpatt mit Weiß, Schokolade-Rot-Weiß, Himalaya.
Amerikanisch Crested: Die Kronenfarbe ist immer weiß. Anerkannt in Schwarz, Rot, Gold. Vorläufig anerkannt in den 7 Agoutifarben des Standards, Lilac, Schokolade, Beige, Buff, Creme.

Rosette

Das Fell ist ca. 3,5 cm lang und fühlt sich fest und harsch an. Die Rosetten sollen so rund und groß wie möglich sein und einen stecknadelkopfgroßen Mittelpunkt haben. Idealerweise sollten 4 Körperrosetten vorhanden sein, 2 Hüft-, 2 Hinterhand-, 2 Schulter- und evtl. noch 2 Nasenrosetten. Mindestens 8 Rosetten müssen vorhanden sein, wobei die gerade Anordnung und Form wichtiger sind als die Zahl. Durch die sich gegenüberstehenden Rosetten bilden sich dazwischen die sog. Kämme. Sie müssen so aufrecht wie möglich stehen. Farben und Zeichnungen: Schwarz, Rot, Weiß mit roten und dunklen Augen, Brindle, Schildpatt*, Schildpatt mit Weiß*, Rot-Weiß*, Schwarz-Weiß*, Schwarzschimmel, Rotschimmel, Mixed Schimmel (* möglichst gleichmäßige Farbverteilung, mindestens jedoch 3 Farbfelder auf jeder Körperseite). Vorläufig anerkannt: Gold-, Grau- und Silberagouti.

Rex/Teddy

Bei diesen Mutationen ist das einzelne Haar in sich gekräuselt und dadurch sehr federelastisch. Die Haare sind ca. 2 cm lang und stehen sehr dicht und senkrecht auf der Haut. Beim Teddy gibt es eine zweite Variante mit längerem, plüschigem Fell. Das gleichmäßige, kurze ist dem jedoch vorzuziehen.

Farben und Zeichnungen: 7 Agoutifarben des Standards, Schwarz, Rot, Weiß mit roten und dunklen Augen, Schildpatt*, Schildpatt mit Weiß*, Schwarz-Weiß*, Rot-Weiß* (* siehe Rosette). Vorläufig anerkannt: Lilac, Schokolade, Beige, Gold mit roten Augen, Buff, Creme, eine der 7 Agoutifarben des Standards mit Weiß, eine der oben genannten Farben mit Weiß, Schokolade-Rot-Weiß.

Langhaar

Peruaner

Der Peruaner ist ein Langhaar-Meerschweinchen mit zwei Hüftrosetten und einem Pony, der ins Gesicht fällt. Die lange, glänzende Behaarung fühlt sich seidig, weich und voll an.

Farben und Zeichnungen: Schwarz, Rot, Weiß mit dunklen und roten Augen, Schildpatt*, Schildpatt mit Weiß*, Schwarz-Weiß*, Rot-Weiß* (* siehe Rosette).

Sheltie

Das Sheltie ist ein Langhaar-Meerschweinchen ohne Rosetten und Pony. Die Kopfbehaarung ist kurz, erst zwischen den Ohren und an den Backen beginnt das Haar länger zu werden. Das Haar fällt glatt nach hinten bzw. unten, fühlt sich dicht und seidig an und zeigt einen gesunden Glanz.

Farben und Zeichnungen: siehe Peruaner.

Coronet

Das Coronet ist ein langhaariges Meerschweinchen mit einer Stirnrosette. Ansonsten darf der Körper keine Rosetten zeigen. Farben und Zeichnungen: siehe Peruaner.

Texel

Texel sind Langhaar-Meerschweinchen mit dichtem, federelastischem, lockigem Fell. Genetisch gesehen sind es Shelties mit Kraushaarfaktor. Farben und Zeichnungen: siehe Peruaner.

Alpaca

Ein Alpaca ist ein Peruaner mit lockigem Fell. Es besitzt 2 Hüftrosetten und einen Pony.

Farben und Zeichnungen: siehe Peruaner.

Merino

Ein Merino ist ein Coronet mit lockigem Fell. Es besitzt eine Stirnrosette.

Farben und Zeichnungen: siehe Peruaner.

Vorläufig anerkannte Farben

Für alle Langhaar-Meerschweinchen: die 7 Agouti-Farben des Standards, Lilac, Schokolade, Beige, Gold mit roten Augen, Buff, Creme, eine der oben genannten Farben mit Weiß, Schokolade-Rot-Weiß.

Kosmos-Service

Zum Weiterlesen

Bücher

Allgemeines

Beck, Peter: Gesellige Meerschweinchen. Kosmos, Stuttgart 1996.
Brehm's Illustrirtes Thierleben. Die Säugethiere. Verlag des Bibliographischen Instituts, Leipzig 1875.
Grzimek, Bernhard (Hrsg.): Grzimeks Tierleben. dtv, München 1979.
Kremer, Bruno P.: Giftpflanzen. Kosmos, Stuttgart 1994.
Meerschweinchenfreunde Deutschland e.V.: „Die wichtigsten Fragen über Meerschweinchen" sowie weitere Broschüren und Mitteilungsblätter. Offenbach 1995 bis 1998.
Sachser, Norbert: Sozialphysiolgische Untersuchungen an Hausmeerschweinchen. Parey, Hamburg 1994.

Hallo Kids!

Die grünen Kästen sind für Euch. Hier findet Ihr interessante Infos rund um Eure Schweinchen. Seht auf den Seiten 7, 25, 32, 82, 112 nach.
Wie Meerschweinchen zahm werden, könnt Ihr auf Seite 32 lesen, was Meerschweinchen alles lernen können und wie man Flaschenkinder aufzieht erfahrt Ihr auf den Seiten 82 und 112.
Damit Ihr Eure Meerschweinchen richtig versteht, lest Ihr am besten „Meerschweinchen-Sprache für Einsteiger" Seite 100.
Auf Seite 93 findet Ihr 11 tolle Spielideen. Eure Schweinchen werden sich freuen.
Viel Spaß!

Gesundheit

Gabrisch, K. und P. Zwart: Krankheiten der Heimtiere. Schlütersche, Hannover 1984.
Isenbügel, Ewald und Werner Frank: Heimtierkrankheiten. Ulmer, Stuttgart 1985.
Schönfelder, Peter und Ingrid: Der Kosmos-Heilpflanzenführer. Kosmos, Stuttgart 1995.
Tellington-Jones, Linda und Sybil Taylor: Der neue Weg im Umgang mit Tieren. Die Tellington TTouch Methode. Kosmos, Stuttgart 1993.
Weber, Alois. Meerschweinchen, Homöopathie und Kräuteranwendung. Ennsthaler, Steyr 1997.
Wiesner, Ekkehard: Kompendium der Heimtierkrankheiten 1. Gustav Fischer, Stuttgart 1988.

Zeitschriften

Das Tier. Ehapa-Verlag, Leinfelden-Echterdingen
Ein Herz für Tiere. Gong-Verlag, Nürnberg
Hamster & Co., Branchen-Fachverlag Ulrich, Alheim
Heimtier Magazin. Zoofachring, Pleidelsheim
Lebendige Tierwelt. Bundesverband Praktischer Tierärzte, Frankfurt/M.
Magazin der Tierfreunde. via Media Verlagsgesellschaft, Wiesbaden
Unsere neue Tierpost. SagaFlor/SagaZoo, Baunatal

Nützliche Adressen

Meerschweinchenfreunde Deutschland (MFD) Bundesverband Deutschland e.V.
Postfach 10 11 29
D - 63011 Offenbach

Tel.: 0 69 - 50 59 50 (Infoband)
Fax: 0 69 - 98 34 05 42

Landesverbände des MFD

Nordrhein-Westfalen
Olaf Reck
Liebigstr. 51
45145 Essen
Tel.: 02 01 - 74 04 78

Niedersachsen/Hamburg/Bremen
Marion Kluge
Sieglindstr. 14
38106 Braunschweig
Tel.: 05 31 - 32 18 96

Berlin/Brandenburg/Sachsen
Mathias Enik
Mühlstr. 5
04849 Bad Düben
Tel.: 0 34 24 31 - 2 25 71

Rheinland-Pfalz/Saarland
Iris Batton
Hermersberger Str. 25
66989 Höheinöd
Tel: 0 63 33 - 70 93

Kurhessen/Thüringen
Herbert Rudolf
Triftstr. 41
34246 Vellmar

Baden-Württemberg
Renate Friesenhan
Öhringer Str. 25
74189 Weinsberg
Tel.: 0 71 34 - 62 28

Dem MFD angeschlossene Vereine

KTZV Nittenau u. Umgebung e.V.
Herr K.W. Brunner
Rosenstr. 5
93149 Nittenau

KTZV Berlin-Wittenau e.V.
Herr Sengpiehl
Dannenwalderweg 38
13439 Berlin

weitere Vereine

Norddeutscher Kleinnager- & Meerschweinchenverein NMKV e.V.
Detlef Pingel
Stettiner Str. 33
D - 38542 Leiferde

Verein Deutscher Meerschweinchenzüchter e.V.
Karin Stüber
Hommelsheimer Str. 7
D - 53359 Rheinbach-Flerzheim
Tel.: 0 22 25 - 46 72

Vereinigung Deutscher Rassemeerschweinchenzüchter
Birgit Klee
Postfach 68
D - 34287 Zierenberg

Zentralverband Zoologischer Fachbetriebe Deutschlands e.V.
Rheinstr. 35
D - 63225 Langen
Tel.: 0 61 03 - 91 07 - 32

Meerschweinchenfreunde in Österreich
Ing. Ursula Marx
Schulstr. 69
A - 2103 Langenzersdorf
Tel./Fax: 0 22 44 - 48 41

1. Oberösterreichischer Rasse-meerschweinchenzuchtverein
Leopold Spiessberger
Veichtlbauerweg 2
A - 4910 Ried im Innkreis

Kleintierzüchterverband für die Republik Österreich
Karl-Lueger-Ring 14
A - 1010 Wien
Tel.: 01 - 5 30 31 65

Kantonaler Cavia-Verein Solothurn
Trudi Binz
Sandackerstr. 6
CH - 4572 Ammannsegg
Tel.: 0 65 - 47 17 15

Vereinigung der Schweizer Meerschweinchenfreunde
Holeeholzweg 59
CH - 4201 Binningen
Tel.: 0 61 - 4 21 74 20

Register

Danksagung

Autor und Verlag bedanken sich bei Frau Dr. med. vet. Anne Warrlich für die Fachberatung für das Kapitel „Natürlich gesund" und bei Frau Linda Tellington-Jones für ihre Hinweise zum Tellington-TTouch.
Den Meerschweinchenfreunden Deutschland e. V., insbesondere Gerd Lang und Erika Mantel, sowie Kurt Landes, Kölle Zoo Stuttgart, danken wir für die freundliche Unterstützung.

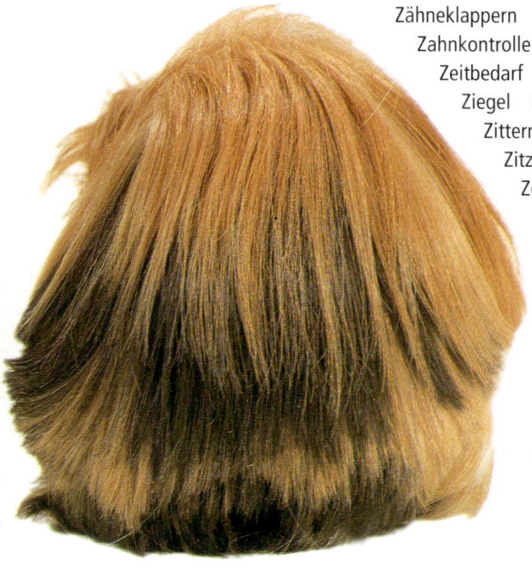

Bildnachweis

Mit 140 Farbfotos von:

Angermayer (S. 8u; 9u); Altricher (S. 8 Mitte rechts); Beck (S. 7; 9o; 10; 11; 12; 13; 14; 15; 28; 31o; 43; 45; 52; 82; 86; 92 links; rechts; 99o); Bielfeld (S. 20o; 101; 108); IPO (S. 106); Juniors Bildarchiv (vordere äußere Umschlagklappe: ganz oben; 2. Foto von unten; hintere innere Umschlagklappe: Mitte oben; S. 5o; u; 6; 11; 21o; u; 22; 25; 29; 37; 48; 55; 56; 59; 66; 70; 74; 95; 96; 102; 105; 112); Kuczka (S. 17); Kuhn (vordere äußere Umschlagklappe: 2. Foto von oben; ganz unten; hintere innere Umschlagklappe: ganz rechts; S. 1o; u; 18; 20u; 30; 49; 63; 69; 73; 77; 78; 80; 84; 89; 90; 99u; 103; 128); Laux (S. 45); Layer (S. 8 Mitte); Pforr (vordere innere Umschlagklappe: Mitte unten; Fotos: S. 8o; 21 Mitte; 33; 53; 104); Reinhard (vordere äußere Umschlagklappe: 3. Foto von oben; S. 2; 17 rechts; 23; 47; 98u; 99 Mitte; 107; 113); Roppelt (S. 38; 71 o; u; 75); Schanz (S. 4; 26; 31; 32; 34; 35; 39; 41o; u; 42; 50o; u; 51 o; Mitte; u; 58; 61; 65 links; rechts; 68; 83; 85; 87; 88; 91; 93; 94; 125); Schönfelder (S. 72); Skogstad (S. 98o; 110o;u; 111o;u;)

Mit 1 SW-Zeichnung (S. 79) und 5 Farbillustrationen (vordere innere Umschlagklappe) von Milada Krautmann und 2 Farbzeichnungen von Gisela Dürr (S. 67)

Tierpass für meine Meerschweinchen

Namen

Geb-Dat. Geschlecht

gekauft am / bei

Rasse

Farbe

bes. Merkmale

Erkrankungen

Wichtige Adressen

Zoofachhandlung

Tierarzt

Verein

Notdienst

Extra

Das Meerschweinchen-Wohlfühl-Programm

Die tägliche Versorgung

- ○ Futter- und Wassergefäße säubern
- ○ Fertigfuttermischung in zwei Portionen morgens und abends geben
- ○ frisches Trinkwasser reichen
- ○ viel Heu zur freien Verfügung füttern
- ○ Grünfutter nicht vergessen
- ○ langhaarige Meerschweinchen kämmen
- ○ Auslauf und Schmusestunden nicht vergessen

Der tägliche Gesundheits-Check

- ○ Die Ausscheidungen sind normal (Kot geformt, Urin ohne Blut).
- ○ Das Fell ist glatt, glänzend und sauber. Streichen Sie auch vorsichtig gegen den Strich, um die Haut zu kontrollieren.
- ○ Die Afterregion weist keine Verklebungen auf.
- ○ Die Augen sind klar und glänzend, ohne Tränen.
- ○ Die Ohren weisen keine Krusten oder Beläge auf und sind innen sauber und ohne Fremdkörper.
- ○ Das Näschen ist trocken bis leicht feucht.
- ○ Appetit und Durst sind normal.
- ○ Das Meerschweinchen ist aktiv, interessiert und lebhaft.
- ○ Nach Aufenthalt im Freien das Fell auf Parasiten hin absuchen.

Die wöchentliche Pflege

- ○ Mineral- und Salzleckstein kontrollieren
- ○ Knabberholz kontrollieren und ggf. ergänzen
- ○ zweimal Toilettenecke säubern und verschmutzte Einstreu austauschen
- ○ kurzhaarige Meerschweinchen kämmen
- ○ Geschlechtsecken am Hinterteil kontrollieren und ggf. säubern
- ○ Wiegen und Gewicht in Wiegekarte eintragen

Alle zwei bis drei Wochen

- ○ Gesamte Einstreu austauschen, Unterschale gut mit heißem Wasser und Essig oder Zitrone (gegen Harnreste) säubern, mit „Deo-Reiniger" (Pumpflasche aus dem Zoofachhandel) besprühen und gut trocknen lassen.
- ○ Krallen kontrollieren
- ○ Zähne kontrollieren

Halbjährlich

- ○ Den Kot auf Würmer untersuchen lassen.

Impressum

Umschlaggestaltung von Atelier Reichert, Stuttgart, unter Verwendung von 3 Farbaufnahmen von
Juniors Bildarchiv (U1, Rücken) und Regina Kuhn (U4)

Mit 140 Farbfotos, 1 Schwarzweißabbildung und 7 Farbillustrationen

Die Deutsche Bibliothek – CIP-Einheitsaufnahme

Beck, Peter:
Meine Meerschweinchen : rund um das Tier, gut versorgt, natürlich gesund, Spiel und Spaß, Verhalten verstehen / Peter Beck. –
Stuttgart : Kosmos, 1999
(Kosmos-Rat)
ISBN 3-440-07767-5

ISBN 3-440-07767-5
Bildredaktion: Ute-Kristin Schmalfuß, Claudia Sträb
Lektorat: Angela Beck
Grundlayout: Atelier Reichert, Stuttgart
Gestaltung: Gisela Dürr, München
Satz: Punkt Komma Strich, Deizisau
Printed in Germany/Imprimé en Allemagne
Druck und Buchbinder: Westermann Druck Zwickau GmbH, Zwickau

Bitte beachten

Alle Angaben in diesem Buch sind sorgfältig geprüft und geben den neuesten Wissensstand bei der Veröffentlichung wieder. Da sich das Wissen aber laufend weiterentwickelt und vergrößert, muß jeder Anwender selbst prüfen, ob die Angaben nicht durch neuere Erkenntnisse überholt sind. Dazu muß er z. B. bei Behandlungsvorschlägen den Tierarzt konsultieren, Beipackzettel zu Medikamenten lesen, Gebrauchsanweisungen und Gesetze befolgen.

Kleines Meerschweinchen-Lexikon

Agouti
So nennt man die Haarfarbe der Meerschweinchen, die auch die Wildmeerschweinchen haben. Dabei sind einfarbige und unterschiedlich gebänderte Haare im Fell gemischt.

Albino
Darunter versteht man das Fehlen der Pigmentierung in Haut und Fell. Die Iris ist rot, weil die Blutgefäße durchscheinen. Fehlen die Farbstoffe nur teilweise, entsteht eine Weißscheckung.

Blinddarmkot
Meerschweinchen haben einen Blinddarm, in dem sie ihre Nahrung mit Hilfe von Bakterien vorverdauen. Den dabei entstehenden weichen Blinddarmkot fressen sie auf, um die bereits aufgeschlossene Nahrung sowie enthaltene Vitamine und Bakterien zu nutzen.

Cavia
Cavia aperea tschudii lautet der wissenschaftliche Name des Wildmeerschweinchens, von dem unser Hausmeerschweinchen abstammt.

Coronet
Langhaariges Rassemeerschweinchen mit einer Stirnrosette.

Dalmatiner
Rassemeerschweinchen mit schwarzer Kopfzeichnung und weißem Körperfell mit schwarzen Tupfen.

Domestikation
So nennt man die Entwicklung vom Wildtier zum Haustier (Haustierwerdung). Im Laufe der Domestikation verändern sich die Eigenschaften und Bedürfnisse einer Tierart. Viele Hausmeerschweinchen haben z. B. ein langes Fell, das in der freien Natur hinderlich wäre.

Freilauf
Auslauf in der Wohnung oder im Garten brauchen die Meerschweinchen regelmäßig, um munter und gesund zu bleiben.

Gebiß
Die vorderen Schneidezähne (Nagezähne) der Meerschweinchen wachsen ständig nach, denn sie nutzen sich beim Zernagen von harter Nahrung und beim Beknabbern von Zweigen ab.

Grooming
So nennt man die gegenseitige Fellpflege, die Meerschweinchen (und viele andere Tiere) betreiben.

Holländer
Rassemeerschweinchen mit farbigem Kopf und Hinterteil und weißer Körpermitte.

Kastration
Meerschweinchen-Böckchen sollte man kastrieren lassen, wenn man sie mit anderen Tieren komplikationslos in der Gruppe pflegen will und keinen Nachwuchs haben möchte.

Krone
Die Krone ist ein oben auf dem Kopf sitzender Haarwirbel bei Ras-

In ihrer langen Geschichte vom Wildtier zum Hausmeerschweinchen haben die kleinen Fellbündel einen wahren Siegeszug angetreten: Bei Jung und Alt sind sie gleichermaßen beliebt. Problemlos zu pflegen, verschmust und hochinteressant zu beobachten, erfreuen sie uns jeden Tag aufs neue. Wer sie richtig kennen- und verstehen gelernt hat, wird diese pfiffigen Wesen nicht mehr missen wollen.

Peter Beck

Meine Meerschweinchen

Rund um das Tier
Gut versorgt
Natürlich gesund
Spiel & Spass
Verhalten verstehen

KOSMOS